当代教育与教学的管理模式与发展研究

罗 静 著

东北师范大学出版社

NORTHEAST NORMAL UNIVERSITY PRESS

图书在版编目（CIP）数据

当代教育与教学的管理模式与发展研究 / 罗静著

. — 长春：东北师范大学出版社，2018.4

ISBN 978 - 7 - 5681 - 4391 - 2

Ⅰ．①当… Ⅱ．①罗… Ⅲ．①教育管理－研究②教学

管理－研究 Ⅳ．①G40－058②G42

中国版本图书馆 CIP 数据核字（2018）第 068431 号

□责任编辑：包瑞峰　□封面设计：万典文化

□责任校对：牟宗安　□责任印制：张允豪

东北师范大学出版社出版发行
长春净月经济开发区金宝街 118 号（邮政编码:130117）
东北师范大学出版社激光照排中心制版
北京全海印刷厂印装
2018 年 4 月第 1 版　2022 年 9 月第 2 次印刷
幅面尺寸：185mm×260mm　印张：12.25　字数：272 千字

定价：78.00元

前　言

　　教育在人类生活中的重要性已越来越被人们所认识，百年大计，教育为本。习近平总书记所做的党的十九大报告围绕"优先发展教育事业"做出新的全面部署，明确提出："建设教育强国是中华民族伟大复兴的基础工程，必须把教育事业放在优先位置，深化教育改革，加快教育现代化，办好人民满意的教育。"这也为在中国特色社会主义进入新时代不断推进教育改革发展、大力提高国民素质指明了方向。

　　迅速提高我国的教育水平和教育质量，实现21世纪的教育理想，需要依靠党、政府和所有教育人士的共同努力，特别要依靠具有面向现代化、面向世界、面向未来的时代意识，具有现代教育理论背景、深厚的专业知识和娴熟的教育技巧的广大人民教师和教育管理者。

　　本书共分为六个章节。第一章到第三章阐述了当代教育管理与教学模式在管理性质与运行模式上的不同特征，重点指出不管教育与社会还是与人的发展都存在本质的关系和共同进步的重要作用，同时论述了教学模式是相关教育和教学理念的投射，它直接影响着信息技术的功能定位，信息化教学模式早已经被划分到新型教学的模式范畴。

第四章主要阐述学生获取新知识的能力、分析和解决问题的能力以及交流与合作的能力，进一步深化课堂教学改革，巩固新课程改革成果，全面实施素质教育，从而实施导学课堂教学模式，争取让每一位学生成为有理想、有道德、有文化、有纪律的一代新人。第五章主要阐述了创新教育的核心是开拓人的潜在能动性。培养创造型的人格，大力推行素质教育，进行创造型教学，才能使每一个人得到全面的发展。第六章则重点探讨了当代教育与教学管理模式下教师的发展，内容包括当代教师专业发展途径、当代教师信息技术应用能力与建设政策、当代教师专业发展技术支持和当代教师专业发展评价。

本书理论性较强，但是又不仅仅局限于理论，实践研究部分也很充分。在撰写过程中采用了部分国内优秀的适合本书内容的成果，绝大多数均在参考文献中表明出处，在此表示感谢。鉴于作者的学力有限，粗糙拙浅之处在所难免，敬请各界专家和读者朋友批评指正。

目 录 ★

第一章　当代教育基础理论研究

教育是一种社会现象，与人类是同时出现并一起存在的。教育和人类的产生、社会的发展，都是紧密联系的、不可分割的。教育不管是与社会还是人的发展都存在本质的联系：一方面，教育为社会的发展、为人的发展提供了保证；另一方面，社会和人的发展又不断为教育发展创造更好的条件，向教育提出更高、更新的要求。

第一节　当代教育发展的历史轨迹

20 世纪，经过两次世界大战后，世界格局有了翻天覆地的变化，教育也得到了发展，中等教育已经遍布了全国，职业教育也得到了大众的热爱。

第二次世界大战以后，科学技术让世界的面貌焕然一新，人们重新规划了自身的生命价值和人生态度以及自己的生活目标，同时影响着教育的改革和发展，教育制度和教育观念甚至教育形式等都出现了前所未有的改变。

一、加强学前教育

学前教育在第二次世界大战之前还未得到世界各国家的重视，但是在第二次世界大战之后引起全世界的关注，多数国家把学前教育归类到国家教育系统中，同时与小学教育衔接到一起，得到了同等的待遇。

二、强化普及义务教育

义务教育是国家法律教育制度，是指为适龄儿童提供最基本的免费教育。在 19 世纪末，少部分发达国家提出了初等教育的义务教育法，20 世纪义务教育成为评估一个国家是否属于文明国家标准法则之一。[①] 20 世纪 90 年代，全世界有 98 个国家实行免费九年义务教育，部分国家已将义务教育年限扩大到高中阶段。

三、普通教育与职业教育的发展

普通教育和职业教育是两个完全不同的概念。普通教育是升学的基础，主要是以基础性的知识进行教育，而职业教育是为就业做

---

① 联合国教科文组织. 世界教育报告 2000：教育的权利 ［M］. 北京：中国对外翻译出版公司，2001.

铺垫，它主要学习现代职业所运用的知识和技能而进行教育。第二次世界大战之前，许多国家都在运用双轨制教育，这两种教育从根本上没有实质性的联系。双轨制教育制度有一个严重的缺陷是受普通教育的学生没办法接受专业技能的教育。第二次世界大战之后，各个国家相继将普通教育和职业教育结合起来，逐渐形成了普通教育职业化和职业教育普通化的模式。

四、高等教育的大众化和多样化

随着 20 世纪社会经济和文化的不断发展，高等教育也逐渐大众化（一般把适龄入学人口中高等教育的入学率达到 15％视为高等教育大众化的起点），高等教育的功能也越来越丰富多彩。知识传授（教学）、知识创新（科研）、知识转化（社会服务）被视为高等教育的三大基本功能。各高校根据自身条件和社会需求选择适合自己的办学层次和办学特色。

五、学历教育与非学历教育的淡化

随着一次性教育向终身教育的转变，获得学历文凭接受教育为目的的情况也随之发生改变，没有学历文凭的社会教育的市场越来越大，这使得学历教育与非学历教育的界限逐渐淡化。

六、教育制度有利于国际交流

交通和通信技术的不断发展让世界变得更小，使得国与国之间的相互理解和交流有了重要的突破，这种趋势逐渐成为一种普遍现象。各国教育制度随之偏向于学历、学位以及学分等方面，国与国之间的教师也不断地进行交流和互相沟通。

20 世纪 80 年代，一种新的经济形态尤其是知识经济开始显现。1996 年，国际经济合作发展组织在题为"以知识为基础的经济"的年度报告中，首次提出"知识经济"的概念：一个区别于农业经济、工业经济的新的经济形态正在开始兴起，即一个"以知识为基础的经济"（the Knowledge based Economy）的时代已经到来，把知识和信息的生产、分配和使用作为基本来运作，主要依赖于人力资源和高科技产业及智力最终将知识占整个经济的比例逐渐增大。根据 1998 年世界银行年度报告统计，1998 年知识经济占世界经济总额的比例为 5％—20％，到 2005 年，这个比例扩大到 90％以上。知识经济是一种具有信息化和网络化的经济，它对教育的改革提出了全新的要求，它为教育的革命性变化创造了很大机会和条件，尤其在网络教育和创新教育以及综合学科教育等多方面提供了巨大的机遇。

第二次世界大战以后，各国的教育都发生了巨大转变。各国都加强了学历教育，并强化及延长了义务教育，将普通教育与职业教育相互结合，高等教育走向了大众化和多元化道路，学历教育与非学历教育的界限逐渐淡化，教育制度为国与国之间交流提供很大的帮助。

第二节　当代世界教育发展的趋势

一、教育全民化

目前，全民教育与终身教育已经成为当代最具影响力的教育，两大教育为世界教育的改革开辟了新大陆，同时为世界教育发展和进步提供了重要的保障。全民教育的任务主要以普及教育为主，而终身教育的任务主要以继续教育为主。

全民教育是在社会发展巨变的情况下被提出来的，原因有三：第一，从个人发展的角度来讲，全民教育不仅能使每位社会成员拥有平等教育的权利，还可以使每个人获取生存和发展的基本能力。第二，从社会发展的角度来分析，全民教育不仅可以加快社会经济的脚步，还可以帮助社会和国家走出危机，摆脱贫困，实现最终的繁荣。第三，全民教育能够促使世界文明共同繁荣。

二、教育终身化

在 20 世纪 60 年代，终身教育随着国际性教育思想而诞生，终身教育的实施得到了群众的认可。联合国教科文组织认为它是"知识社会的根本原理"。终身教育成为发达国家和发展中国家制定教育政策的主导思想。终身教育实质上是教育革命从教育思想向教育行为转变的过程。终身教育彻底打破传统教育的根石，被誉为"可以与哥白尼日心说带来的革命相媲美，是教育史上最惊人的事件之一"。终身教育尽管提出的时间较短，但是其超强的生命力和影响力已经不可估量。终身教育已成为世界教育发展的趋势，它为社会带来的巨大影响力是功不可没的。

终身教育是指在人生不同阶段应该接受不同的教育。保罗·朗格朗说，把人生分成前半部分和后半部分，前半部分应该接受教育，后半部分接受工作。这样的说法是没有科学根据的，接受教育本身是终身一辈子的事情。终身教育在空间上为学校和社会及家庭扫除了诸多障碍。终身教育所主张的教育不单单是知识的传递，更是贯彻人类全面发展，并不断将个体锻造成具备各种能力和素质的新型人才的教育。

三、教育民主化

教育民主化是 20 世纪 60 年代以来世界教育改革的主流。米亚拉雷（G. Mialaret）指出："教育'民主化'已成为所有教育革新和教育改革的一项固有的目标。教育'民主化'是目前全球教育系统演变的一个基本趋势。"[①] 教育民主化已成为许多国家主要的教育政策。

教育民主化包括教育民主与民主教育两个方面。前者是民主的外延扩大，主要是把政治民主拓展到教育领域，使受教育成为公民

---

① 米亚拉雷. 现代教育史 [M]. 台北：五南图书出版公司，1993.

的权利和义务；后者是把教育内涵更深入化，主要把专制不民主和不充分民主的教育不断变换成民主的教育。前者是后者的前提，后者是前者的深入。总而言之，教育民主化是指让全体社会成员拥有足够的受教育机会，并接受完美的民主教育。每个公民都有受教育的权利和义务，在教育机会面前人人都将是民主化教育的主体。实现教育平等是教育民主化的中心内容之一。教育机会平等是教育平等的基础。《学会生存》一书指出："可能平等地受教育，这只是求得公平的必要条件，而不是它的充足条件……平等的机会必须包括同样成功的机会。""机会平等是要肯定每一个人都能受到适当的教育，而且这种教育的进度和方法是适合个人特点的。"从目前教育机会均等概念的变化来看，最初仅仅是要求入学机会的平等，换句话说，是初等教育义务的平等；之后扩大到接受教育年限和学校类型以及课程性质的平等；最后，延伸至教育的全部范围包括入学机会、过程及结果的平等。

四、教育信息化

以计算机和互联网作为代表的信息技术逐渐推动人类迈入信息化的时代。信息社会正在将人类的生存方式彻底改变，理所当然人类的教育方式和学习方式也将彻底改变。这种改变虽然才刚刚开始，但它的发展速度是前所未有的。对这样的情况，我们必须做好充分的准备。电脑屏幕和互联网正在形成一个既远离我们又围绕着我们的世界，加拿大的科幻作家为这个虚拟世界起了一个名字叫赛博空间（Cyberspace）。这个空间每天都在拓展当中，它将在较短时间内遍布世界的每个角落，并且把人类分成两种人群：进入赛博空间的人群和没有进入赛博空间的人群。这个空间不是空洞的，而是装满了人文景观和完美的图画，把世界上的各种文化都聚集到这里，形成一种极罕见的赛伯文化。人类在文化空间里的交流方式和交流工具都会发生不一样的变化，它将突破时间和空间的控制，并将突破语言文字和意识形态的各种控制。从教育的层面来分析，我们关于教育的概念和一直以来建立的与教育联系的对象，例如校舍、教室、图书馆、课堂、教材、考试、作业和升学制度等这些都可能消失或者完全转换为与现在相背离的形式。

从可见的现实来看，赛伯文化首先对教育来说，它不断地将学生融入赛伯空间，同时要确定自己独立思想的能力不受任何影响。关于现代信息技术的运用技能，关于收集和选择有用信息的能力，关于形成和创造个人信息的能力，无疑是教育首先需要研究并且帮助学生掌握的基本信息素养。

从可见的教育形式来看，当教育中出现无线广播和电视技术的时候，群体教学（Mass Teaching）就成了教育理论研究的核心内容，这些技术只有通过不断的探索和测试后方可步入了实用阶段；在 PC 机渐渐到了教育领域后，教育理论研究对个别化教学（Individual Instruction）更加重视起来；之后，计算机网络（主要是局域网）也在教育的范围出现，教育理论研究的重点放到了小组合作性学习（Group Learning）；更大的国际互联网（Internet）融入教育后，教育者又全身心地投入虚拟教育（Virtual Education）中，由此虚拟教室（Virtual Classroom）、虚拟学校（Virtual School）之类的新概念就呈现出来。如图 1-1 所示。

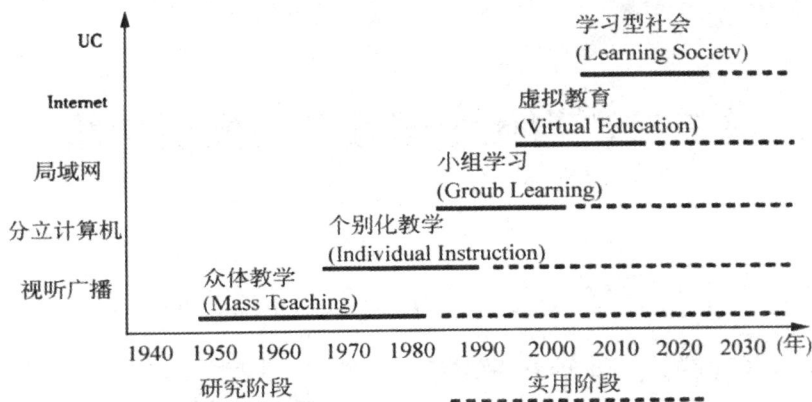

图 1-1 信息技术对教育理论与买践的影响

就学校里的老师和学生对于教育来说，他们之间的互动已经是常有的事情，并没有新鲜之感。老师拥有着很多的知识，这是无法替代的，他们扮演的角色也是非常重要的。

现在的教育已经完全推翻了用教材限定教学内容、用教室限定教学对象这种没有新方向的东西。这样也给老师带来了巨大的压力，他们必须不断研究新的教育方式方法。在崭新的教学环境下，怎样打破旧的教育并融合到新的学科知识与教育理论中来，更是教育研究面对的全新挑战。

从更广阔的背景和更深远的意义上研究信息化条件下的教育，教育将在怎样一种文化形态下探讨。例如电脑技术、多媒体技术、网络技术、卫星传导技术等，对于文化的发展来说是一把双刃剑，它既可以迅速、高效、生动地传播各种信息，实现个性化的、互动的交流，也可以威胁和扼杀非主流文化，特别是可能造成人们对于英语信息和多媒体交流技术的依赖，比如对于键盘、对于软件的依赖，我们必须考虑多元化的文化与本民族的文化要怎样在今后的道路中发展下去。教育也要面对这么巨大的挑战，并不断创新教育理论。

第三节　当代中国教育的发展脉络

中国是一个具有悠久文化传统和教育传统的国家，中国的文化和教育曾经对世界、特别是亚洲国家产生过重大影响。1905 年，清朝政府"废科举、兴学堂"，引进西方学制，中国开始了现代教育。1949 年，中华人民共和国诞生，开始了建立具有中国特色社会主义教育事业的探索历程。

一、新中国初期十七年的教育历程

（一）1949—1952 年

1949 年以后的中国教育史，可以说就是一部教育改革史，是一部探索具有中国特色社会主义教育的历史。

《中国人民政治协商会议共同纲领》规定："中华人民共和国的文化教育为新民主主义的，即民族的、科学的、大众的文化教育。人民政府的文化教育工作，应以提高人民文化水平，培养国家建设人才，肃清封建的、买办的、法西斯主义的思想，发展为人民服务的思想为主要任务。"钱俊瑞在《人民教育》创刊号《当前教育建设的方针》的长文中，更具体地指出："为工农服务，为生产建设服务，这就是当前实施新民主主义教育的中心方针。"为了落实这一政策并体现教育的人民性，当时主要采取了以下五个方面的改革措施。

（1）将旧学校进行接手并改造，把学校的领导权握在手中。

（2）将旧学制废除同时颁布新的学制，实施全日制学校和干部学校以及业余学校并举的"三轨制"，为工农提供受教育的机会，尤其是工农干部。

（3）所有的设施都要为工农劳动人民打开大门。

（4）对教师的队伍进行消除，并改变教师的旧思想。

（5）为了能更切实地为经济建设服务，将高等学校进行院系调整。这一改革措施的实施一直持续到 1952 年年底。

（二）1953—1957 年

毛泽东在 1953 年 2 月 7 日政协一届四次会议的闭幕式上提出了今后三大任务：第一，关于抗美援朝的问题；第二，关于学习苏联的问题；第三，关于反对官僚主义的问题。自此以后，全国上下充满着学习苏联的热情。教育在"必须彻底地系统地学习苏联的先进经验"的口号下，大量地模仿，有的直接按照苏联的教育模式实施。当时，有大批苏联的教学大纲和教科书被引进来，单单高校翻译出版的苏联教材就高达 1390 多种，各大院校还连连邀请苏联专家讲学甚至参加学校管理，他们大幅度地模仿苏联的学校管理模式，并按照苏联的教育理论引导我们的教育工作。

（三）1958—1966 年

总结前几年的经验教训，我国在 1958 年开始有了符合自己国情的教育模式，不再一味地模仿他国的教育方式，随之一场全新的

革命教育逐步兴起。中共中央、国务院于 1958 年 9 月发布了《关于教育工作的指示》，重点强调两点：其一是教育为无产阶级政治服务，其二是教育与生产劳动相结合。中心思想是将生产劳动列入教学之中，抓紧政治思想工作。在未来，学校着手建立工厂和农场已然成为大趋势，强调教育组织与广大人民群众相互配合，学校领导人员与学生相互结合。革命浪潮就此掀开。

中央文教小组于 1960 年召开了全国文教工作会议，会议重点强调的是文教战线的批判，即"共产风、浮夸风、强迫命令风、干部特殊风和瞎指挥风"，大力提倡"调整、巩固、充实"等风气，主要调整学校的教学质量，将学校规模与数量适当地进行压缩。例如，1960 年全国高校有原来的 1289 所压缩到 407 所，在校生由 96 万压缩至 75 万等。在"大兴调查之风"的影响下，教育部颁布了《高校六十条》和《中学五十条》及《小学四十条》三个重要条例，从深层次来看，这是对教学工作原则的肯定，解决了教育日常工作中的问题。

二、"文化大革命"十年中的教育

1966 年至 1976 年是"文化大革命"的十年，也是"教育大革命"的十年。1966 年 5 月 16 日中共中央发布了《关于无产阶级文化大革命的决定》，在全国范围内掀起了一场长达十年的"一个阶级推翻另一个阶级的政治大革命"。

当时认为，"文化大革命"前的学生全部是资产阶级的成员，为了避免此风气的传播，开始对教育进行史前无例的大改革。第一，从学校领导层面入手，将教育的权利分配给工人、解放军等。第二，否定学校现有的学习任务及思想，学校除了学习文化以外，还要到社会革命实践中学习，甚至到军营场所、农民地方及工厂等地进行培训。第三，批判以往的老式教学方式，如招生、选拔等，实际上就是要树立起适合当时背景下的新型社会主义教育路线。

三、改革开放以后的教育改革

"文化大革命"期间，教育处于低谷，广大教育工作者身心健康都受到严重创伤，教育生涯遭遇了惨重的破坏，高等教育处于瘫痪的状态，教育质量不断下降。

1976 年以后，尤其是党的十一届三中全会过后，随着整个改革开放新形势和新局面的呈现，中国教育重新向新的历史改革时期迈进一步。

1978 年，我国恢复了高考制度，重新颁布了《高校六十条》、《中学五十条》和《小学四十条》，制定了《中华人民共和国学位条例》等，整体上恢复了 20 世纪 60 年代初期的基本措施。

党的十一届三中全会确立了以经济建设为中心的社会主义现代化建设基本路线，并实施对外开放政策。在教育方面，就是把世界各国教育发展的有利经验统统吸取进来，从而将中国教育改革和发展推向新的阶段。在 1983 年，邓小平为北京景山学校题词——"教育要面向现代化，面向世界，面向未来"，这个题词成了之后中国教育改革和发展的策略方针。20 世纪 80 年代以后的中国教育改革正是在这样一个背景下进行开展工作的。

1985 年，《中共中央关于教育体制改革的决定》明确了我国的教育目的："教育为社会主义建设服务，社会主义建设必须依靠教育。"同时指出："中央认为，要从根本上改变这种状况，必须从教育体制入手，有系统地进行改革。"这一《决定》的核心内容是：

（1）在各个地方有步骤有责任地实行最基础的九年义务教育。

（2）将高等学校办学自主权不断扩大，并对高等学校的招生计划和毕业分配制度进行有利的改革。

这两条措施为教育主动适应经济和社会发展提供了条件，为教育实施多元化和创造出具有中国特色的教育打下了基础。

第四节　当代教育与人的和谐发展

一、教育的个体发展功能

教育功能可以概括为两大方面，即教育对个体发展的影响和教育对社会发展的影响，又可称为教育促进人的发展功能与教育促进社会发展的功能。在这一章里我们先对教育促进人的发展功能进行具体分析。

个性是人性的表现，个性是人性的展开。弘扬个性是发展人性的本质要求。个性反映人性，它首先就具有人性共同的一面，然后在此"共同性"的基础上，才显示出其差别性来。个性乃是人性的

共同性与差别性的统一。

人性由先天自然特点与后天社会特点组成。反映人性的个性自然也不能例外。如果做进一步的研究，介乎自然特点与社会特点之间还有一系列的心理特点，它乃是先天与后天的"集合"。我们认为，个性是生而具有与后天习得的一系列生理、心理、社会性的稳定特点的综合。这是就其广义说的。如果就其狭义来说，则个性仅指稳定的心理特点，即个性是以世界观为核心的一系列个性特征的集合。

世界观是人们对于整个世界的根本看法，是人们对自然、社会和人类自身的观点体系。从心理学角度看，它是人的心理的最高层次，其心理结构是由认识、观点、理想与信念四个基本因素组成。认识是指通过感知与思维对自然现象、社会存在与人类自身的实质及其发展规律的了解与把握，它是世界观形成的基础；观点是对所认识的客观事物的一定看法、判断和评价，它是在认识的基础上以判断的形式表现出来的，带有一定的情感色彩；理想是基于认识、观点对未来的憧憬和向往，是人的奋斗目标；信念是人们对自然、社会、人类的一定判断、见解、原理与知识的真实性坚信不疑的表现。世界观是知、情、意、行的合一。

自有教育以来，人们就在追求促进人的发展，亦即发展人的个性。但由于"社会关系实际上决定着一个人能够发展到什么程度"，所以在长期的阶级社会中，人的个性很难达到应有的理想的发展水平。有鉴于此，马克思主义便从当时的现实出发，并结合共产主义的理想追求，提出了人的全面发展学说，即主张让每一个人的个性都得到充分而自由的发展，并把它作为人们共同追求的一项根本的教育目标。

二、教育对人的地位的提升

马克思主义认为，个人与社会、个体与集中是统一的，即个性的全面发展只有在集体中才能获得真正的实现。正如马克思主义创始人所说："只有在集体中，个人才能获得全面发展其才能的手段。"另一方面，集体的发展是以个体的发展为基础的。事实表明，任何个体的发展都要受其所处社会历史条件的制约，最终都是在现存社会生活条件下通过个体所从事的实践活动来完成的；同样，集体的发展程度是以个体发展的程度为标志的。所以，必须把自我实现与社会实现统一起来，才能使人的个性得到应有的良好发展。

三、教育对人的素质的培养

教育要提升人的地位，亦即要发现人的价值、发掘人的潜能、发挥人的力量、发展人的个性，就是要实施素质教育，培养和提高人（学生）的素质。

（一）素质的含义与分类

1. 素质的含义

素质在心理学上说是一个专门术语，是人们通过自己感知器官、运动器官和神经系统表现出来的技能反映。所谓的素质教育，其实就是从整体上提高民族素质和道德素质等。

当然，确定素质概念的内涵，单单靠简单的约定俗成是不可以的，还一定要遵循以实取名的原则。人的素质理所应当包含自然素质与社会素质两个层面。素质的基本含义可以论述为：人们从出生以后的自然特点与后天获取的各种各样稳定的社会特点的结合。

2. 素质的分类

目前，有关素质的分类有很多不同的说法，但最基本三类是自然性、心理性和社会性。也可以说，不管将素质分成多少种类，都一定以这三类作为根本。同时，其衍生出的每一种分支都可以归结到这三类当中。必须强调指出，从自然（生理）、心理、社会三个维度来划分人的素质是符合客观实际的。

（二）素质教育与全面发展教育

素质教育与全面发展教育并不矛盾，而是相辅相成的。两者的关系可以概括为：全面发展教育是素质教育的内容或途径，素质教育是全面发展教育的目标或落实。

1. 全面发展教育是素质教育的内容或途径

众所周知，我国全面发展教育的内容，长时期为德育、智育与体育三项内容；20 世纪 80 年代中逐步加进了美育和劳动技术教育，形成为"五育"。很明显，这"五育"与前述素质教育的内容是基本相应的。通过全面发展教育的"五育"就基本上可以促成素质教育的实施。同时，更为重要的是，随着经济的发展、社会的进步、科学文化的日益繁荣，对人的素质的要求也会越来越高。这样，作为促进实施素质教育的全面发展教育的内容，也会随之而有所变化、有所充实。

2. 素质教育是全面发展教育的目标

顾名思义，所谓全面发展教育，就是要使学生获得全面发展。全面发展什么？主要指学生德、智、体的全面发展。这样分别列举，缺乏一上位概念予以概括，不利于实际教育工作者的整体把握。素质教育提出之后，这个问题便得到了解决。全面发展什么？即可简洁地回答：发展学生的素质。素质便是能很好地概括德、智、体的一个合适的上位概念，它的内涵与外延还可随着时代的前进而发展。

需要说明，全面发展教育并不是均衡教育，更不是削弱个性的教育。全面发展教育更多的是侧重于对学校的工作要求，学校应为学生提供全面发展的平台，提供学生符合自己特点的可选择的发展机会，而不是为所有学生提供千篇一律的教育，更不是用一把尺子衡量所有的学生。"多一把尺子，就多一批人才"，这是至理名言。

第二章 教学模式基础理论研究

"模式""模型""范式"等具有相似的内涵，与英文的"Model"对应，社会学、教育教学等领域多用"模式"来描述这一类结构；而管理学、工程技术类学科等多用"模型"来抽象地描述一种结构类型；"范式"在各领域都有用，其哲学抽象特征非常强烈。"教学模式"对于教育工作者来说是最常见的一类课堂教育教学的程式化活动的抽象描述。

第一节 教学模式的内涵研究

"教学模式"尽管早已存在，但从理论研究角度来看，美国的乔伊斯（B. Joyce）和韦尔（M. Well）是最早把"模式"一词引入教学领域的教育家。但是乔伊斯和韦尔也没有对教学模式进行明确的定义，他们只是通过学习模式来说明教学模式。读者只有研读完其列举的数种教学模式，才能知道乔伊斯他们眼中的"教学模式"是指构成课程和作业、选择教材、提示教师活动的一种范式或计

划。显然，要完全地、恰如其分地定义"教学模式"并不是一件容易的事，它是一种具体的、然而可能又有很大差异的活动流程概括，它又是所有活动参与者之间、活动要素之间以及参与者与活动要素之间的有机结合。

一、教学模式的结构特征

教学模式尽管难以定义，但总具有一些共性特征。在教学实践中，一代一代教育教学工作者摸索出了很多教学规律，也提出了很多的"教学模式"。在不同的历史时期、不同的学科、不同的授课对象、不同层次的教学过程中，很多人总结出了一些有意义的"教学模式"，但是研究人员发现其实这些模式的本质特征是一样的。乔伊斯等在1980年总结了过去的教学模式，发现最多可概括为二十三种。一般来说，教学模式通常包括五个因素，我们称为教学模式的"五因素结构"。

（一）教学目标

不同的教育观往往有不同的教学模式。中国的教育观、美国的教育观差异很大，因此两国的教学模式截然不同。而且不同的历史阶段，教育观也不同，所采用的教学模式也不一样。在新中国成立前、成立后，以及当前大力发展市场经济的今天，教学模式的选择存在明显的差异。教学模式的选择受制于教育观，而教育观的发展总是与一定时期的政治、经济与文化的发展息息相关。实际上，教学目标远比教育观来得具体，体现在每个学科、每门课程的教学过程中。因此，学科差异、课程差异，导致教学模式的选择差异。

教师选择一定的教学模式以适应其教学过程，确保教学目标的实现。因此，任何实际的课程教学，其教学模式都指向和完成一定的教学目标。在教学模式的结构中教学目标处于核心地位，是教学评价的标准和尺度，所有资源的配置、活动的流程都围绕教学目标的实现。教学目标对构成教学模式的其他因素起着制约作用。理论上，教学模式的选择必须与教学目标的实现相匹配，即实现两者的内在统一。

（二）理论依据

教师对学生的认知规律、心理变化过程以及教师的传授知识特征的认识程度，决定着其对教学模式的态度。不可否认的是，即便是专家，对这些领域的认识还是相当有限，尤其学生的情绪与心理动机等方面，而这些成果的取得往往影响着教育教学方式方法的使用，影响着实际的教学行为和过程。现代多种多样的教学模式可以说是科学与技术快速发展的产物，而且一些模式包括多媒体教学模式只是在近50年的科技高速发展中提出来的。

因此，教学模式是"一定的教育教学理论或教育教学思想的反映，是一定理论指导下的教学行为规范"，如教育学、心理学、信息学、社会学等学科中的一些基本理论的应用，直接影响着教学模式的形成、完善与发展。例如，"灌输式教学模式（传递—接受式）"，其基本支撑理论是行为心理学，尤其受斯金纳操作性条件反射的训练心理学的影响。教学工作者认为只要通过"联系—反馈—强化"，反复循环，就可以控制学习者的行为，就可达到预定的学

习目标。又如，认知心理学的发展与应用，产生了所谓的认知信息加工理论，而"建构"则是其中一个最有分量的概念，形成了所谓的"建构主义"，它为研究学生的知识获取与教师的传授知识提供了新的理论基础，是"概念获得模式"的理论基础。它强调学习是认知结构的组织与重组。

（三）操作程序

在每一堂课的教学过程中，都包含有特定的教学对象、教学内容、教学工具以及其他教学资源、时间资源，教师必须有序组织这些资源，包括有限的时间资源，才能实现一定的教学目标，完成一定的教学任务。这个过程，我们称为"操作程序"。

每一种教学模式都会形成其特定的逻辑步骤，构成其操作程序，每个步骤要达到的子目标或者说掌握的知识可能会构成前后条件。因此，这种步骤序列的程序化可促进教学目标的有效实现。从整体上来看，教师是整个活动的策划者、组织者或实施者，课堂教学是教师为了完成一定的教学目标而实施的一系列操作。所有的教学模式之间的差异，最具体的表现就是操作程序上的不同。有的操作步骤严格明显，有的操作步骤相对模糊，有的操作步骤交互重叠，有的操作步骤相互包容。教师很容易通过操作时间上的先后顺序来修改操作程序，但很难想象修改后的流程其效果会一样。

（四）实现条件

任何一种教学模式的实现需要一定的条件，这些条件包括各种软硬件。软件条件包括教师的专业知识、学生的知识基础与心理特征、教学内容本身、多媒体及计算软件和可掌握的教学时间等，而硬件条件则包括可能的教学仪器设备、计算机与网络、投影工具、教学空间及其他支持工具等。这些条件之间可互相影响，一些条件的改善与增强，可以大大提高教学效率。例如，现代多媒体教学设施设备与投影工具的使用，大大提高了信息与知识承载的效率，提高了信息传达的视觉效果。

一定的教学模式所需要的实现条件会有些差异，至少其必要性会有所不同。过去一支粉笔、一块黑板、一张嘴，一个教师就可以玩转一堂课。而今天的教学，缺少了投影，很多人会有些不习惯。一些教学条件的使用并不是充分必要条件，如果不考虑教学效益的评价，则很难评价教学模式的实现条件是否得当。特别是在今天，投影与PPT的使用则变成了另一种灌输教学模式。

（五）教学评价

教学评价是对教学过程及其结果的评价。教学评价的具体内容目前没有统一认识，是否应该包括对"教"与"学"的全部评价，还是只评价"学"的效果，还是只评价"教"的成效；是过程，还是终结性的？这种争论本身是由于教学目标的不确定性以及教学对象的多样性和复杂性造成的。因此，现在教学实践中有多种教学评价存在，相互结合使用，服务于特定的教学模式。

目前，有一些比较成熟的教学模式已经形成了相应的评价方法和标准，还有不少新出现的教学模式没有形成自己独特的评价方法和标准，其成效还需要实践的证明。然而，教学评价就其实现的方式、方法而言，往往具有一些共性特征，如所采用的数学模型或计

算方法，完全可独立于教学模式而探讨，如对学生学习效果的评价、学生成长的预测所采用的 AHP 方法、决策树方法。

二、国内外教学模式现状

教学模式是教学活动的基本结构。每个教师在日常教学工作中，都可能有意无意地选择了某种教学模式以完成自己的教学任务。每个教师都可能在实践中询问过："我所选择的教学模式是否恰当？是否能达到教学目标？"所有疑问可归结为"我所采用的教学模式是否科学合理"。据乔伊斯的统计，截至目前，大概有二十三种教学模式，这些教学模式中比较有影响力的有以下几种。

第一，传递、接受式（俗称灌输式、填鸭式）教学。该教学模式源于赫尔巴特的四段教学法。该模式以传授系统知识、培养基本技能为目标；着眼点在于充分挖掘人的记忆力、推理能力与间接经验在掌握知识方面的作用，它可使学生比较快速有效地掌握更多的信息，强调教师的指导作用。认为知识是教师到学生的一种单向传递。非常注重教师的权威性。

第二，范例式教学。范例式教学是指教师通过有典型意义的、能说明问题的事例进行讲解。通过对典型事例的剖析，学生能举一反三，触类旁通，获得对事物本质的规律性认识，从而能够积极地、主动地学习，获得知识，培养能力，养成正确的情感和态度。

第三，现象分析式。现象分析模式的基本教学程序是：提出现象—解释现象的形成原因—现象的结构分析—解决方法分析，目的是要透过现象看本质。

第四，加涅模式。加涅把人的学习过程等同于电脑对信息的加工处理。他的理论的要点是：注意、选择性知觉、复诵、语义编码、提取、反应组织、反馈。按照电脑加工信息的步骤，加涅提出了九步教学法。

第五，奥苏贝尔模式。教师能将有潜在意义的学习材料同学生已有的认知结构联系起来，采用相应的有意义学习的心向（主动地将所要学习的知识与学生原有知识发生联系的倾向）进行教学。

第六，发现式。该模式的提出者杰罗姆·布鲁纳是美国认知学派心理学家。发现式教学模式要求学生利用教师和教材提供的某些材料，去发现应得的结论或规律。

第七，交互式。交互式教学法（也称交际法）以语言功能为纲，着重培养交际能力。最初它强调语言教学必须以"学生"为中心，教师应提供真实的、有意义的语言材料，创设真实自然的语言环境，使学生进行有意义的学习。随着技术的发展与新技术的引用，交互的意义已经大大超越了当初的设想。

应该说，每一种教学模式都有其自身的优缺点或者说是其对教学内容、教学对象的适应性。因此，我们没有足够的理由认为一定只能用某一种模式，或者必须用某种模式，实际上每种教学模式都会受到特定的教学目标的限制，而且其要素之间的相互匹配性也会影响该教学模式的成效，从而影响我们的实际选择。显然，研究教学模式本身就是教学研究方法论上的一种革新。长期以来人们比较重视研究教学及其过程中的各个部分，而很少从系统的角度来研究各部分之间的联系或关系，也就是忽视了"教学"本来就是一个系统性工程。教学模式正好是这个系统性工程的一种描述形式，教学

模式的研究可指导人们从整体上去综合地探讨教学过程中各因素之间的相互作用，了解其多样化的表现形态，并通过加强教学设计、研究教学构成中各个要素的优化组合，从而使得教学工作者能够以动态的观点去把握教学，实现教学目标。

三、教学模式的运行特点

在实践中，面向不同年龄段的群体，或者不同学历层次的群体，或者不同的学科与教学目标时，教学模式呈现出不同的适应性特征。教学模式有其自身的运行特点，教师必须加以分析。主要特点如下。

（一）适应性

一般来说，一种教学模式都是基于一定的教育教学理论，为实现一定的教学目标而设计的。一些基于心理学应用理论的教学模式，由于认知心理模型呈现出明显的年龄特征，因此不可否认的是：一些教学模式只适合低年级教学，一些则只适合高年级教学，随意地使用有可能致使教学效率低下，甚至可能适得其反，造成资源的浪费。一般来说，教学模式并非针对特定的教学内容而设计，但在运用的过程中必须考虑到学科的特点、教学的内容、现有的教学条件和师生的具体情况，进行细微的方法上的调整，以体现对学科特点的主动适应。

而且，每种教学模式的有效运用需要一定的软硬件条件，配置恰当的软硬件资源，才可能促进教学效率的提高。应该说，多媒体教学，尤其是大量动画视频资料的使用，加深了学生对抽象、间接、乏味的概念的理解和记忆。这种教学条件的改变，也提高了教学模式的适应性。因此，我们很难判断教学模式的优劣，但在一定的条件下我们有能力评估出某种教学模式的适应程度，从而科学地选择教学模式。

（二）可操作性

任何一种教学模式一定能在某个教学过程中加以实践，并能区分其特征。教学模式是一种具体化、操作化的教学思想或理论，一定能为实践所检验并能重复使用，其效果的优劣必定能进行比对。因此，教学模式一定能复制。

教学模式是一个比抽象的理论具体得多的教学行为框架，具体地规定了教师的教学行为，使得教师在课堂上有章可循。在教学条件许可下，教师如果按照这个模式的流程，就能有效地分配资源，熟练地协调教学活动中的各个要素，从而保证教师最有效地实现教学目标。

（三）系统性

只有在过去那种完全灌输式教学情境下，才会有人愿意承认教学是一种单边活动，知识传播者无须考虑受众、知识的特征。即便如此，人们还是不得不承认教学是一种系统化工程，教师除了需具备相应的专业知识，还需要具备多种涉及教育、心理、管理等方面的应用技能与技巧。

教学模式是教师在教学活动中的行为框架，实际上也是教学过

程中的各个参与元素在时间、空间上的排列及其相互作用。从活动的空间限制到时间段的分配；从学生的接受到学生的迁移；从知识的引入到知识的应用；从言传身教到辅助教学工具的应用。一些教学模式所包含的多个步骤显然无法随意更换相对位置，一些教学设备的使用也必须等到一定的时机，一些知识内容也只有在学生具备相应的知识基础后才能进行联想。这种教学模式在实践过程中的系统性特点，使得其在应用中需要面对许多不确定性，其效果也不可能完全一致。

（四）稳定性

教学模式是大量教学实践活动的理论概括，在一定程度上揭示了教学活动特有的普遍性规律，而不只是针对特定的学科教学。一般来说，教学模式并不会讨论具体的学科内容及其教学方法，其教学活动流程对许多学科的教学起着普遍的参考作用，只要做简单的修改即可达到教学设计的目的。而且这种教学模式一旦在一门课的教学实践中加以应用，其上课程式化基本固定。因而，教学模式具有一定的稳定性。

第二节　学习环境与教学模式的相关研究

教学模式就是学习模式。当我们在帮助学生获取信息、形成思想、掌握技能、明确价值观、把握思维方式和表达方式时，也在教他们如何学习。事实上，教学的终极目标就是提高学生的学习能

力，使他们将来能够更加便捷有效地进行学习，使他们一方面获得知识技能，另一方面掌握学习的过程。

如何进行教学对学生自我教育能力的形成有很大的影响。成功的教师不是简单鼓励和说服学生的说教者，相反，他们是能够使学生深入地认识社会化的活动，并教会他们如何有效地利用活动结果的促进者。例如，人们都渴望成为口齿清晰、知识渊博的讲演者，但只有通过学习演讲才能够达到较高的水平；成功的讲演者教育学生如何从谈话中挖掘信息为我所用。高效的学生能够从教师那里获取信息、形成思想、增长智慧，并有效地利用这些学习资源。因此，教学的主要任务就是培养高效率的学习者。

上述原理也适用于学校。优秀的老师注重培养学生的学习能力。在这些学校里，学生逐步发展成为学习能手，教学效率也越来越高。评价一种教学模式的优劣，不仅要看它是否直接达到了具体的目标（如自尊、社会技能、信息、思想、创造力等），而且要看它是否能够提高学习能力。后者才是主要目的。

当学生改善学习策略后，他们可以更加有效地完成复杂的学习任务。在对各种教学模式的探究过程中，教师提出了两个基本的问题：怎样教会学生更快、更有效地进行学习？在什么情况下可以使全体学生进行更有效的学习？

我们要认识到，不同的教学模式能使学生在课堂上和学校里产生很大的差异。认识到这点是有效教学的核心，优秀的教师相信自己能够创造这种差异，并且利用学习群体来造成这种差异。然后他们更加关注学生的学习，并创设更加有利于学生发展的学习环境。这本书中我们将会介绍这些模式，从而使学生快速增强学习能力。

创设人人能够学习的学校。想象一下有这样一所学校，在那里运用各种各样的教学模式的目的不仅仅是完成一系列的课程目标（使学生学会阅读、计算，理解数学理论，理解文学、科学及社会科学，精通艺术及体育），还要帮助学生提高他们作为学习者的能力。随着学生对信息和技能的掌握，他们收获的不仅仅是学习内容，还有不断增长的应对未来学习任务和设计学习过程的能力。

在学校里，教师运用一定的教学模式使学生获得了一系列的学习策略。学生学习了这些策略，懂得如何获得概念，并形成自己的概念。他们产生假设与理论，再用科学工具去验证它们。他们学会如何从课堂和陈述中获取信息，如何研究社会问题，以及如何分析他们自己的社会价值。

学生还知道如何从训练中获益，以及如何从体育、艺术表演、数学及社会技能方面训练自己，比如如何更加灵活地进行创造性写作以及解决问题等。更为重要的是他们知道如何主动规划学习，也知道如何主动与他人进行合作性的探究。对这些学生的教育既具有挑战性又令人振奋，因为他们不断丰富的学习方式促使我们采用各种各样的方法来教育他们，帮助他们实现教育目的。

学校和班级是学生群体的载体，在这里他们学会共同探索未知世界。我们对这些小小的社会团体寄予厚望，希望其成员能更加博学、广泛阅读，并且善于写作；希望他们能够理解周围的世界，并为其发展做出贡献；希望他们自尊自重，通过提高自我效能感创造高质量的个人生活。这些愿望是教学研究的中心，能产生出更多的教学模式来为学生提供学习工具，并激励我们进一步探索。如果要问，我们能否设计出这样的学校和课堂？答案是，能，我们肯定能。如果要问，我们能否运用一些现行的教学策略来达到这一目的？答案是，不能，我们绝对不能！那我们能否研究孩子们的反应并不断地改进教学方式？能，我们肯定能。因此，我们需要继续探索。在开始之前让我们再观摩一些教师的教学，他们充满信心地将学生的学习群体组建了起来。

我们需要去认识这些模式的理念，帮助我们认识学生的思维方式和正在使用的教学模式，以便更好地去理解这些模式以及它们的运作机制。

一些关于学生和教育环境思想的专业名词有：

建构主义（constructivism）。

元认知（metacognition）。

支架式教学（scaffolding）。

任务与学生之间的最佳错位性（有时也叫最近发展区）Eoptimal mismatcheswith tasks given to students（sometimes called the zone of proximal development）。

形成目标时专家行为的角色（roles of expert performance when developing goals）。

我们将要剖析这些学术术语及其隐含的思想，同时思考我们如何使用它们。这时你会发现，当你试图去创造一些学生的成长环境时，你就会发现这些术语与教学模式的动作方式和动作原因是相关联的。

我们并不是特别喜欢建构主义（constructivism）这个术语，因为主义（constructivism）暗含着一种"你是否是一个建构主义者"的教育主导的政治立场。这种看法由来已久，即教育是一种缺失方向的混合体，它一方面强调什么是教学，另一方面强调如何让学生共同学习重建当前的知识，学会探究并培养学习能力。简单地说，教师要直接传授知识给学生，还要教他们如何学习知识。这里提到的"缺失方向"实际上是思维方式，而这种非此即彼的思想却不是一种表达问题的最好方式。例如，当我们观摩各种各样的教学模式时，会发现尽管所有的模式有不同的运作方式，但都是通过教学来提高学生获取知识的能力以及与同伴合作的能力的，进而使他们能够创造丰富的社会关系，获取智力方面的知识，同时也建构起在学术、社会、个人领域的知识。

这就是所谓的建构主义，其多种形式源于早期对教育的讨论。例如，柏拉图和亚里士多德开拓了关于自然知识以及人们如何去建构知识这些领域。杜威（J. Dewey）是 20 世纪这一研究领域的主要代言人，苏联心理学家维果茨基（L. Vygotsky）也对此予以关注。记住这些建构主义者，我们相信下面的观点处于核心地位。

首先，学习就是建构知识。在学习进程中，大脑存储信息、组织信息，同时修订先前的思想。学习并不是简单地吸收知识、观点和技能的过程，而是重新建构新材料的过程。如果你集中精力思考这本书的内容，即各种现有的教学模式，你就应该能够想象对于从事教育工作且坚信存在万能教育模式的人们来说，重新建构知识有多么重要。实际上，每种教学模式都包含特别的学习方式，而且这些模式也可以联合起来帮助学生形成各种学习知识的方式。

其次，思想是与生俱来的。孩子们学习文化知识，尤其是存在于家庭和社会中的文化知识。由于我们是在特定的文化中长大的（应注意我们天生就有学习语言和文化的能力），我们从小就形成独有的信息和思维系统，掌握了自己与人交往的方式，以及适时表达这种语言和文化的能力。这时，如果有新的信息被吸收到，我们就能积极地重建现有的思想体系。举个简单的例子，许多网球新手认为当人们平行挥拍击打网球时，球的轨迹就应该与地面平行。事实并非如此，必须向上击打才行。平行击打网球，网球在过网之前，会因重力往下落。如果不重建这种挥拍的观点，那么打球就没有乐趣，能力也不会提升。举个复杂点的例子，如果一个孩子生长在一个总是用暴力解决问题的家庭，那么在面临挑战时他可能会产生过激反应，从而激化矛盾；在一个合作式的学习环境中，比如在一个好学校、好班级中，学生要学会与他人相处的多种方式，对信息进行重新构建就成为一种必需。

建构主义者认为，知识和文化一样，不仅可以由教师和家长传输给学生，而且儿童在接受教育的过程中通过对信息的反馈也会获得知识。然而，我们发现，形成的教学模式并不是知识建构的唯一途径，设计良好的指导方法也有助于学生建构知识。我们验证了先行组织者模式，通过教学生如何在一种明显易于接受的情境下做到积极主动，这一模式帮助教师在授课和其他形式的报告中获得知识。

元认知与建构主义相关，连接点即为大多数有效学习者能够逐渐意识到他们是如何学习的；他们拓展学习方法，并对过程进行监控。换言之，他们在学习策略上强调"执行控制"而非被动地对环境做出反应。但是，不容乐观的是，有一些学生一直在被动地读课本，他们的学习方式是不断复制材料，而不是积极地建构知识。而另一些学生则会在阅读时有意识地批判这些材料，通过组织信息和构建自己的概念来理解所读内容。令人欣慰的是，通过我们的指导，学生可以变得越来越好，他们的能力可以得到很大的提高，这种指导可以从幼儿园和一年级就开始。

从其与教学和课程之间的关系来看，你可以很容易地看清楚建构主义和元认知概念之间的关系，然后通过教学以便能够持续不断地参与到"学会学习"的进程中。当我们教授科学时，我们不仅可以教学生科学的思维过程，而且可以利用这一过程促进学生的学习。不仅仅是科学这一科，其他学科也可以做到。我们在引导学生进行归纳性学习时，还培养了他们的归纳性思维能力。正如珀金斯（Perkins，1984）指出的，在所有课程领域的思维技能方面，学生通过接受教育而获取和存储知识，通过建构概念来理解和应用知识，最终成为一个综合型思考者。与探求教学的模式一样，我们将会更加关注每种模式构成的基础，从本质上帮助学生在学习中学会建构知识。

教学的核心在于环境的创设。学生在与环境相互作用的过程中学习并学会如何学习（Dewey，1916）。教学模式是对学习环境的描述，其中包括作为教师的我们在运用教学模式时的行为。这些模式有许多用途，从规划课程到设计教学材料，多媒体教学也可以用到。

多年来，我们一直在研究切实可行的教学方法。我们通过走进学校、走进课堂来研究教与学。除中小学外我们还走进其他环境，比如通过走近工业、军事和体育界中的治疗师与训练员来研究教学。我们已经创建了大量的教学模式，其中一些得到普遍应用，另一些则只适用于特殊的教学目的。有的模式程序简单、直接，能够立即见效，有的则包括复杂策略，需要耐心而熟练的指导才能被学生习得。

本节介绍的这些模式构成了学校教学的基本框架。我们可以利用这些模式达成大部分的教学目标，当然，只有优秀的学校才有能力达到综合运用的程度，我们可以对整个教学、课程、单元和课时等进行设计。即使不是全部，大多数的教学模式也都是从哲学和心理学两个角度出发来研究教学的。所有的教学模式都有明确的理论基础，以解释为什么这些模式能够实现我们设计的目标。我们所选择的教学模式都经历过长期的实践，并且在实施的过程中不断完善，使其可以高效地运用于现行的课堂及其他教育环境中。此外，它们具有广泛的适应性，可以适用于不同学生的学习风格，满足多种课程领域的要求。

在涉及的各种模式中，有些理论及实际效果除了要通过经验验证，还要经过大量正式的研究来测验。其中一些只需要少量的研究，而另一些则要经历数百次的研究。我们在讨论每个模式时都提供了重要的参考文献，即那些相关研究的文献。

根据这些教学模式是指向人类自身还是指向人如何学习，我们将其分成四类。

一是信息加工类。

二是社会类。

三是个体类。

四是行为系统类。

本节从每类中都选取了几种模式，我们将研究几种模式的综合应用，即教学模式通过消除性别、种族和经济社会权利的不平等来

促进教育公平，创建课程，为处于困境中的学生创造环境，使各种学习风格的学生都能进入更高的发展阶段。下面我们简要地介绍一下我们所选择的这些模式。

一、信息加工类模式

信息加工类模式强调人类的内在驱动。人们通过获得信息和组织信息来认知问题并找到解决问题的方法，从而获得对世界的感知，发展概念和语言。有的模式给学习者提供信息和概念，有的强调概念的形成和假设的检验，有的强调形成创造性思维，还有的旨在提高学生的通用智力。许多信息加工类模式都有利于自我和社会方面的学习，因此有利于实现个人和社会的教育目标。

（一）归纳思维模式

分析信息和创造概念的能力通常被认为是基本的思维能力。归纳思维模式是在希尔达·塔巴（Hilda Taba，1966）和其他人研究成果的基础上通过修订而形成的，他们做了许多关于如何教学生发现和组织信息以及提取、验证数据集之间关系的假设研究。该模式已经运用于多种课程领域而不仅仅限于科学，并且适用于所有年龄段的学生。语音、结构分析与语法规则一样，都依赖于概念学习。而文学的结构则是以分类为基础的，对社区、国家和历史的研究都需要概念的学习。即便概念学习对于思维发展并不起关键作用，但由于信息的组织对课程学习来说非常重要，所以归纳思维成为学科教学的重要模式，该模式是基于乔伊斯和卡尔霍恩（Joyce & Calhoun，

1996，1998）的研究发展而来的，乔伊斯、哈瑞康克和卡尔霍恩（Joyce，Hrycauk，& Calhoun，2001）利用该模式来促进学生多学科学习能力的发展。

（二）概念获得模式

概念获得模式以布鲁纳、古德诺和奥斯汀（Bruner，Goodnow，& Austin，1967）的思维研究为指导，经过莱特霍尔（Lighthall）和乔伊斯的修订发展而来，与归纳思维模式密切相关。对于如何设计进行概念学习这一教学问题，概念获得模式为每个发展阶段的学生提供了从宽泛的主题中获取有序信息的高效方法。

（三）图—文归纳教学模式

由艾米莉·卡尔霍恩（1999）创建的这一模式研究的是学生如何获得书面语言，尤其是阅读和写作的能力，同时还包括对听、说以及词汇的研究。图—文归纳模式与归纳思维模式、概念获得模式一样都可以促进学生对单词、句子和段落的学习。该模式无论是对幼儿和小学生的阅读学习，还是年龄稍大的学生在"安全网（safe net）"项目中有关阅读和写作训练的有效课程学习来说，都是一种最核心的教学模式。

（四）科学探究及其训练模式

在众多用于学生进行科学探究及其训练模式中，我们选择由施瓦布（1965）领导的生物科学课程研究小组（Biological Sciences Curriculum Study，BSCS）的研究成果作为主要例子。在学习的初

始阶段，我们引领学生进入科学探究的过程，帮助他们收集和分析资料，验证假设和理论，以此思考知识建构的本质。该模式能够引导幼儿进入科学的殿堂，有效地促进学习机会的均等化，缩小性别差异（Parker & Of-for，1987），并能极大限度地减少经济社会的差异带来的问题。BSCS 继续致力于课程的修订和为幼儿开发新的课程（例子参见 Greenwald，2001）。《教学科学研究》（*Journal of Research on Science Teaching*）杂志已经报道了大量的相关研究，互联网上也有大量以探究为导向的科学课程，尤其是艾森豪威尔网，信息更为丰富。

（五）记忆模式

记忆模式是记忆和同化信息的策略。教师可以利用该模式来呈现材料，通过这种模式的教学，学生可以更加容易地收集信息，也可以在个体学习和合作学习中提高获得信息和概念的能力。这个模式在多个课程领域得到了验证，涉及了不同年龄阶段及不同性格特征的学生。该模式由普瑞斯利、莱文和迪兰尼（Pressley，Levin，& Delaney，1982），以及两位莱文（Levin & Levin，1990）等首先提出，由罗拉尼和卢卡斯（Lorayne & Lucas，1974）、卢卡斯（2000）等人广泛应用于实践。由于人们往往把记忆术（辅助记忆法）与重复和死记硬背相混淆，因此普遍认为记忆术只能应用于低水平的信息记忆，但这是不对的，记忆术不但可以帮助人们掌握有趣的概念，而且它本身也是很有趣的。

（六）共同研讨法

该模式首先应用于工业背景中的"创造性群体"，威廉·戈登（William Gordon，1961a）将其改编并应用于中小学教育中。这种模式旨在帮助人们在问题解决和写作活动中打破环境限制，从更广泛的领域中获得更新的视角。在课堂教学中，教师引领学生将这种模式不断地用于一系列训练中，直到学生能够独立或在合作小组中使用这种模式。该模式设计之初是为了直接引发创造性思维，它也能促进学生的合作学习和研究能力，使学生之间的关系更加融洽。最近，凯斯（Keyes）和格罗丁（Grodin）的一些研究使得该模式有了进一步的发展。

（七）先行组织者模式

在过去的 40 年中，人们对戴维·奥苏贝尔（1963）提出的先行组织者模式进行了大量的研究。这一模式旨在给学生提供一个通过讲授、阅读和其他途径理解材料的认知结构，能够广泛地应用于各种教育领域及各个年龄段的学生当中。在教学活动中，它可以很便捷地与其他模式结合共同使用。

二、社会类模式

许多人一起工作能产生一种集体力量，即整合的能量。社会类教学模式就是利用这种原理来构建学习型群体的。课堂管理（classroom management）实际上就是在教室中创造一种合作关系。

积极校园文化的形成就是发展一种人际影响和关系整合方式的过程，这种过程有利于学习活动规范的形成。

（一）合作学习模式

近年来，关于合作学习的研究取得了很大的进展，在如何帮助学生形成高效合作发展的策略这一方面也有很大进步。由罗杰·约翰逊和戴维·约翰逊、罗伯特·斯拉文以及什洛莫·沙朗分别带领的三个研究小组在这方面的成就尤为突出。但是整个合作学习群体活动主要集中于对信息和策略的交流以及对研究的实施和分析（见诸如 Jonson & Jonson，1999）。这些研究成果产生了大量组织学生合作学习的有效方法。其中，有的是组织学生两人一组进行简单任务的学习，有的则把全班或全校组织成复杂团体，使学生进行自主教育。合作学习模式有利于所有年龄段学生的所有课程的学习，它能够提高学生的自尊心、提高社会技能、增强同学之间的凝聚力，有利于学生根据学科原理采用不同的探究模式来实现获得信息和技能的学业目标。

（二）群体研究

约翰·杜威（1916）提出民主社会中的教育应该是直接进行民主进程的教育，该观点问世后经过许多教师和理论专家补充、修订，由赫伯特·西伦（1960）形成了颇具影响的概念。这一观点认为，教育主要应通过对重要社会问题和学术问题的合作探究来进行。实质上，这个模式提供一个可以适当运用其他模式的社会组织。群体研究已经运用到所有的学科领域并且适用于各个年龄段的学生，甚至已经成为整个学校教育的最核心的社会类教学模式（Chamberlin & Chamberlin，1943；Joyce，Calhoun & Hopkins，1999）。该模式的基本特点是引导学生确定问题、了解关于此问题的不同观点，使学生一起收集信息、形成观点、掌握技能，并在这个过程中发展自身的社会能力。教师的任务在于组织群体并进行管理，帮助学生发现和组织信息，以确保活动及学习过程充满活力。沙朗和他的同事（Sharan and his Colleague，1988）、乔伊斯和卡尔霍恩（Joyce & Calhoun，1998）在有关探究小组的最新研究成果的基础上对该模式进行了补充和修订。

（三）角色扮演

角色扮演能使学生理解社会性行为，理解自己在社会交往中的角色并掌握更加有效地解决问题的方法。这个模式是由范尼·沙夫特和乔治·沙夫特（Fannie & George Shaftel，1982）提出的，他们认为该模式有助于学生研究社会价值及其对自身的影响，角色扮演还能够帮助学生收集并组织有关社会问题的信息、培养同情心、增强社会技能。此外，该模式要求学生表演人际冲突，并借此学会从他人的角度看待问题、观察社会行为。若运用得当，角色扮演可应用于所有年龄段的学生。

（四）法理学探究

随着学生的成长，他们可以研究社区、国家、民族以及国与国之间等不同层面的社会问题，这就是法理学探究模式的目的。这种模式结合法律教育，将案例研究引入教学过程，尤其适用于中学生

的社会研究学习（Oliver & Shaver，1966，1971；Shaver，1995）。学生研究一些与制定公共政策有关的社会问题案例，如公平与公正、贫穷与权利等。在引导学生确认公共政策问题的同时，这一模式还要求学生认识到如何做出解决问题的选择以及这种选择背后所隐含的价值观。虽然该模式是为了进行社会性研究而产生的，但它可以应用到任何有关公共政策问题的研究以及与此有关的课程领域中（如学术道德、商业、体育等领域）。

三、个体类模式

从根本上讲，人的现实性存在于个体的意识之中。在社会生活中，我们通过自身经验和所处位置形成独特的人格和分析世界的不同视角。因此，人和人之间只有通过一起生活、工作和组建家庭才能达成共识。

这就是从个人发展角度提出的学习模式。这些模式试图通过改革教育使我们更好地认识自己，为我们自身的教育负责，并学会超越自己当前的发展状况，而使自己更坚强、更敏锐、更富于创造力，进而追求更高的生活品质。这些个体类模式注重个体的独立，从而使人们更清晰地意识到个人对自身命运的责任。

（一）非指导性教学模式

30年来，心理学家、咨询专家卡尔·罗杰斯（1961，1982）一直被公认为"将教师视为心理咨询者"模式的代表人物。非指导性教学模式源于心理咨询理论的非指导式心理治疗，它强调教师与学

生的伙伴关系。教师要帮助学生理解如何在进行自我教育时担当主角，比如自己确立目标并为达到这些目标而努力。教师应使学生了解自己已取得了多大的进步并帮助学生解决问题。运用非指导性教学模式的教师必须积极地与学生建立良好关系，并在学生解决问题时提供必要的帮助。

该模式有多种用法。通常它可以作为整个教育运行的最基本模式（Neill，1960）；可以与其他模式一起使用，确保师生建立联系，营造良好的氛围；也可以用于学生的独立思考和合作学习；还可以不定期地用于学生的心理咨询，分析他们的思想和情感，帮助他们解决问题。该模式主要用于促进学生的自我理解和独立思考能力，同时也可以很好地促进其他学业目标的达成（见 Aspy & Roebuck，1973；Chamberlin & Chamberlin，1943）。最近，科尼利厄斯—瓦特（Cornelius—white）对有关以学生为中心的师生关系对学生认知情感、行为表现影响的研究进行了总结，其中包括了涉及 30 万学生的 119 项研究。

（二）自我概念发展模式

在教学中，最困难的任务就是帮助那些信心受损而深陷于无助、失败情绪中的学生。他们害怕甚至逃避普通的、他们能够完成的课程任务。在这里，我们利用一个多层面的方法，帮助那些四到十二年级学生面对他们最害怕的事情——学习阅读，带领他们走入成功的世界。40 年来，马斯洛卓越的研究一直引领着关于自尊形成和自我能力实现的研究。我们探索可以指导学生的原则，帮助他们尽可能地发挥个体认知能力。最近，有教师提出了一种能够研究学

生学习风格和学习过程的方法，从而拓展了这种教学模式（Joyce & Showers，2002）。教育的个人、社会和学业目标是相互联系的。个体类的教学模式是教学模式系统的基本部分，与其直接相关的是学生对自尊、自我理解的需要及获得其他同学支持与尊重的需要。

四、行为系统类模式

社会学习理论是一个常见的理论基础，以行为修饰、行为矫正和控制而著称，该理论指导各种行为系统类模式的建立。该理论认为人类具有自我运行调节系统，可以根据如何成功完成任务的信息对行为进行调整。例如，一个人正在黑暗中爬一段不熟悉的楼梯（任务），刚开始的几步是试探性的。如果抬得太高，脚就会由高到低慢慢下落，直到挨到地面；如果抬得太低，脚就会踢到楼梯。经过不断的试探，这个人的脚步会得到不断调整，直到完全适应楼梯的高度。

通过分析，人们对任务及反馈结果的反应方式，心理学家（Skinner，1953）已经证明了人类如何通过组织任务和反馈结构来使自我调节能力更加容易地发挥出来。研究内容包括减少恐惧感，学会阅读和计算，发展社会技能和体育技能，通过放松减少焦虑，学会如何综合运用智力、社会技能及身体技能等。因为这些模式都集中于可观察的行为，学生能够拥有促进交往的、较为清晰的任务和方法，因此，该类教学模式有着坚实的研究基础。行为策略适用于所有年龄段的学习者并且拥有广泛的教育目标。

（一）掌握学习模式

行为系统类模式在学科教学中最常用的是掌握学习模式（Bloom，1971）。首先，教师要将学习材料分成由简单到复杂的若干单元，通过适当的媒介（阅读材料、磁带、活动等）逐步地呈现给学生。教师在每个单元学习过后对学生进行测验，帮助他们了解自己掌握的知识。如果发现学生还没有掌握某部分，教师可以重复这一部分的内容，或者调整内容来加强学习，直到学生掌握为止。基于该种模式的教学体系已经运用于各个年龄段的学生，以及各种或基本或复杂的学习内容。经过适当的修改，这一模式也适用于有天赋的学生、有情绪问题的学生及体育专业和航空专业的学生。

（二）直接指导模式

根据教师有效性之间的差异及社会学习理论，可以建构出一个直接指导的教学范例。在这种教学模式中，直接阐述教学目标、确定与目标有直接联系的活动、对过程的严格控制、对取得的成就及策略运用的反馈等都与促进学习的指导模式相联系。

（三）模拟训练模式

行为控制论者提出了两种训练方法：一种是从理论到实践的模式，另一种是模拟模式。前者将有关技能信息与演示、练习、反馈及指导结合起来，直到学生掌握技能。例如，如果想让学生掌握一项算术技能，那就要通过讲解、演示、练习并给予学生正确的反馈，同时让学生在同伴及教师的指导下运用该项技能。这种方法通

常运用于体育训练。

模拟模式根据真实情境建构起来，它创造一种接近真实生活的环境，并将其应用于教学情景中。有时创设这种情景是相当复杂的，例如飞行和太空飞行的模拟、解决国际关系问题的模拟等。学生通过参与活动来实现真实情境下的模拟目标（例如使飞机起飞或者开发一片城区），直到达到学习目标。

五、运用教学模式

作为教师，我们因拓展了教学技能而感到愉快，通过传授学习策略而使教学变得更加简单。这些教学模式在创设之初就是为了促进学生的学习，同时使教师的工作更加高效。

当我们考虑何时以及如何综合运用这些模式，在面对特定单元、课程和学生群体时哪些策略应该优先运用的问题时，我们就要把学习的类型和促进学习的量力性纳入考虑范围内。通过研究，我们确定每种模式在发展过程中在哪些方面发挥了作用及其作用的大小，这样在运用模式的时候我们就可以预测出效果。

在学习这四类教学模式时，你可能会考虑这样的问题，即某种模式适用于完成什么样的任务，是否有特定的使用情境，一种模式是否会比另一种模式更加有效。这样的问题有时候非常容易回答，因为某种模式显而易见就是为某种特定任务而设计的。例如，法理学探究模式就是教高年级学生分析公共事务的，它不适合在年龄小的学生中使用，同时这两类学生也都不适合去分析复杂的国内外社会经济问题。然而，以分析公共事务作为主要目标的高中课程就可以运用该模式来设计。另外，法理学探究模式也可以用于其他的教学目标，例如，它可以促进学生在研究事务时的信息和概念学习，还可以提高学生的合作技能等，但那些是对学生的培养目标，而非最主要的教学目标。

当几种模式都可以达到相同的教学目标时，对教学模式的选择就变得复杂了。例如，信息可以通过归纳性探究模式获得，也可以通过先行组织者模式所提供的阅读和讲授获得，还可以通过两种模式的综合运用获得。在设计课标、课程和活动时，只有完全了解四类模式之后才能有目标地综合运用它们。我们要记住，我们研究的每一种模式在设计学习项目时都可以作为教学系统的一部分被拿来使用。

当我们触及研究基础时，我们要学会评估效果，比较教给学生的某种学习模式与其他模式所能达到的效果。每一种模式提供给学生的认知任务和社会性的任务肯定会产生一定的效能，引起特定类型的学习。每种模式的效果都是由这种模式和未在这种情景下使用的其他模式相对照而共同决定的。例如，我们可以这样问：独自学习和合作学习，哪种学习能力会有所提高？注意，这是个比较的问题。显然，学生可以在上述两种条件中的任何一种下进行学习。选择模式时面临的问题是在一定的课程、单元或情境下哪一种模式效果更好。同时，我们必须留意，有些类型的学习任务可以通过合作学习得到提高，有些则不能。

在一项学习任务中，教学模式的使用很重要，而且恰当地融合多种模式也很重要。就教学生一门新语言而言，先要进行的任务是学习基本的词汇，联词记忆是非；常有效的获得基本词汇的方法，在某些情况下，运用该方法获得并记住的单词量是用普通方法的两倍多（Pressley et al.，1982），因此这种方法是语言学习初期的一种不错的选择。通过扩大词汇量，学生的阅读、写作及会话技能能够得到进一步增强；然后可以运用一些其他的模式，比如练习、综合等。

然而问题的复杂性在于，我们不得不承认学生之间存在差异。一种方法对一个学生的学习有效，但对另外一个学生可能就不会起到同样的效果。幸运的是，我们现在已掌握的案例还没有证实有哪种方法会对一类学生起到良好的作用，而对另一种类的学生造成严重的伤害；然而，在设计教育环境时，我们还是要充分考虑到它们对不同学生造成的不同影响。因此，我们需要高度关注学生的"学习历程"，包括他们的学业进展、自我形象、认知、个性发展、社会技能及态度。

学生对学习策略的不断掌握会使其发生变化，无论对学生群体还是个体来说都是如此。随着他们成为强大的学习群体，他们将更加有效地完成越来越多的类型学习。因此，对这些学生提供的帮助就是提高他们的学习能力。

在对这些研究进行评价时，我们不仅关注每种模式产生的一般的教育影响，还会考虑在设计该模式时产生的特别的、与该模式相关的影响。例如，归纳模式是用来给学生传授科学方法的，这是它主要的、直接的任务。研究表明，该模式很好地发挥了这一作用。但是传统的课堂模式在教授科学方法时就发挥不了多大的作用（Bredderman，1983；El－Nemr，1979；Gaber，1994）。同样重要的是，科学探究增加了学生信息量的获得，促进了学生概念的发展，改善了他们对科学的态度。值得注意的是，这些模式既实现了其基本目标，又起到了包括提高学生学习能力在内的普遍的教育作用。

令人兴奋的是，一些模式虽然作用不大却能够产生持续的影响。先行组织者模式用来增加学生从课堂或别的途径（如电影、阅读等）中获得和保持信息量的能力，如果"组织者"运用得当，就能达到目标。学生要接受来自课堂、写作、电影及其他媒介长达数千小时的信息，这些作为教育工具的媒介所产生的影响是如此普遍，以至于由组织者引导的最一般的知识增长也会引发学生学习的显著变化。

另外，尽管许多模式都针对具体的学习类型设计，但并不是说这些模式就无法用于其他类型的学习。例如，归纳教学模式是用来教学生怎样建构概念、验证假设的，因此，有时候人们认为这种模式影响了信息的广度。但是通过测验发现，归纳教学模式也是帮助学生掌握信息的一种非常有效的方法。另外，通过运用这种方法掌握的信息比那些在学校通过背诵、练习等方法获得的信息存留的时间更加持久。

根据具体内容设计的模式往往可以通过修改成功地运用于其他的内容，如为学习自然科学和社会科学而设计的归纳模式也可以运用于文学和社会价值观的学习。但是如果认为一种特定的模式是有效模式而可以广泛运用，就不对了。归纳模式证明了这一点，如果它被任意地用于所有的教学目标当中，就不会达到理想的效果。创造性很有意义，创造精神应该普遍应用于我们整个生活，共同研讨能够提高人的创造性，但不是所有的学习都需要创造性。记忆同样

重要，但是把一切教育都建立在记忆的基础上也是极端错误的。一些学习模式在具体的运用中取得了神奇的效果。联词法作为帮助记忆的方法之一，在一系列的试验中被证明可以提高学习效率2—3倍。事实上，这就意味着学生运用联词法学习规定的单词比用传统方法要快2—3倍（Pressley et al.，1982）。但是，我们并不能因此就依靠联词法实现所有教学目标。当我们把快速获取信息作为教学目标时，联词法可以是我们选择的模式之一，但它并不是解决教育问题的唯一方法。另一方面，联词法并不仅限于此，它还可以有效地运用于科学教学中对概念等级的学习（Levin & Levin，1990），从而实现这种重要且极为复杂的教学目标。该模式还有助于培养学生在学习中的自信心，这种更快速、更自信的学习会使学生们对自己更加有信心。

教师从个人、专业的成长和探索中获得的满足感使他们设定了这样的目标，即不用一两种基本教学模式去实现所有的教学目标，而是用多种方法去探索师生共有的潜能。

我们希望看到的是孩子们（或年龄更大一点的学生们）能接触多种教学模式，并能够从中获益。随着教师教学技能的不断提高，学生的学习能力也可以不断增强。

第三节　教学改革与教学模式的内在关联

近些年来，教学改革的呼声日渐高涨、不绝于耳。从普通老百姓到政府官员都感受到了当前教学模式所暴露出的弊端的危害，特别是课堂教学。从小学到中学再到大学，当前教学模式有以下弊端。

一是当前的教学模式以教师传授知识为主要形式，轻视培养学生发现问题、解决问题和创新的能力。然而，这种形式又与我们的教学目标相左，教学效果饱受诟病。

二是教学过程追求完整的学科知识体系，忽略知识本身的内在联系，导致资源的浪费（许多学过了的知识在乏味地反复），不仅没能激发学生学习的主观积极性，反而抑制了不少能动性。

三是当前教育对象具有特殊性。个性化、不均衡化、冲动化是其典型的代表。而当前教学模式持续较少关注多样性发展，方式、方法与策略不改，难获成效。

四是PPT使用"泛滥成灾"，看上去现代化的教学模式变成了新型的填鸭式、灌输式教学。学生到课率低下，学生全部靠后坐，自玩手机或听MP3，或自由看书。课堂已经失去了其存在的意义。课堂教学的现状正如图 2–1 所描述的一样。

你认为自己的大学课堂有没有吸引力？

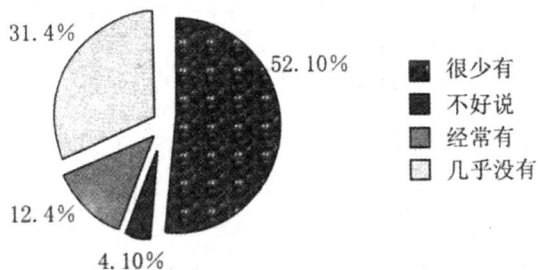

图 2–1　课堂教学吸引力现状调查①

---

① 资料来源：www.cnxianzai.com.

再又次，交互式教学难以真正实现。师生们指望通过互动来增加课堂的趣味性，促进学生的思考，让互动来改善教学质量。然而，交互教学的实现并非易事，教师的专业素质、课堂的掌控能力、知识储备与学生积极性，这些都直接决定其成败。

最后，教师教学课件在让表现力更加强大，知识传递手段更为丰富，传播效率更高的同时，机械的鼠标点击与知识结构的流水化，也让多数教师失去了激情。激光笔与屏幕替代了粉笔与黑板，少有改善教书育人过程的变化；丰富、繁杂的课堂上知识应接不暇，学生的思维与创新能力惨遭扼杀；教学形式的一成不变与照本宣科，让教师忘记了学生的存在。

课堂教学存在的最根本的问题是教学模式的选择问题。多数教师不愿也无法放弃已经非常熟练且不需要额外费力的传统教学模式，由此产生了一系列的问题：教学模式与教学目标不匹配，导致不适应当前的教学；教学模式局部的修改，如增加计算机与投影设备，并没带来相应的教学效益，而一些教学模式所需要的条件不成熟则直接影响其成败；教学模式没有反映出当前学生的认知、心理及社会环境的变化，死守过去的教条，让现在的学生成长适应过去的经验观察；教学模式缺少必要的系统化教学评价体系，目前少有贯穿于教学过程，可动态评价学生、教师的"学"与"教"的评价系统。

教学要改革，尤其是课堂教学，但到底怎么改？怎么改才能有成效？无数教育教学工作者都有过思考、实践，毕竟这是一个影响千秋伟业的大事。

在传统课堂教学模式下，教师做的是"知识"批发。在班级授课制下，不论是什么形式的课堂教学模式，学生尽管学的是同样的"内容"，但其中的学生绝非被动地接受这些传送来的"知识"，并化为己有。因为学生的心智之间存在差异，教师只有通过与学生交互，让这些知识变成可为每个学生接受的，成为每个学生最近发展区的一个组成部分，这是交互教学可成功的基础。但是当前交互教学发展于低年级的语言教学实践当中，所实践形成的教学流程和结构与高年级教学需要不相称。因此，交互教学在流程与结构方面需要进行重新设计。

基于大量的管理学、教育学理论与教育教学实践研究，我们提出将管理学的快速响应策略引入交互教学模式中，并引入教学管理工具，经过了两年半的探索、实践，证实这个策略是切实可行的。

概括起来，我们认为要解决当前交互教学中的棘手问题，需要以下四方面的支持条件：第一，当前，我国高等教育强调"思维能力、学习能力、创新能力"的发展交互教学模式，在理论上可满足这种需要，但从当前实践的交互教学模式来看，在流程与结构上存在一些不适应的地方。尤其是创新能力和思维能力的发展，这是我们当前呼唤最多的，交互教学并没有设计足够多的相关环节，甚至其在流程方面对其考虑得也较少。在传统交互教学中，采用了一种结构化对话，这种对话的发展不是以创新能力的培养为目标的。第二，师生信息不对称极容易让师生行为相悖，教师容易忘记学生的存在，而学生也易忽略教师的价值。为此，需要建立一个师生交流网络平台：一方面，需要确保课堂内外信息的可获得性和信息的一致性；另一方面，需要在有限的时间内、

一定的空间里，将学生的需求状态与个性特征的变化反映出来，帮助学生动态地从网络平台来了解周边同学的学习状况，也可帮助教师参与学习活动。移动工具（智能手机或平板电脑模式）可构造出当前最好的应用环境。移动工具可帮助教师在既定的空间（教室）里，在讲台上或者讲台下，利用信息系统弥补自身的缺陷，扩展自身各个功能器官的机能，快速地响应学生的请求。例如，不熟悉的知识点可通过网络查询，可随时查看准备好的讲义、教案、小技巧，可随时调阅个别学生的档案，可随时检索学生一段时间来的变化情况等辅助服务，可极为有力地帮助教师快速采取正确的行动。第三，在这个教育蓬勃发展的年代，教师面对着一群个性化越来越强的学生。课堂上，教师既是知识的传播者，也是学生的服务者，服务质量的品质取决于每个学生成长质量的总和，而且这是一个长期积累的过程。有效跟踪、评价学生的学习状态，这是确保实现教学目标的条件之一。为此，需要建立一个学生学习成长状态跟踪与评价平台，从"能力、态度、绩效、参与、考勤"等几个方面对学生做出课堂内外的信息跟踪，一方面督促学生学习，另一方面方便教师了解。

作者所在研究团队就该策略进行了为期 2.5 年的分阶段实践。第一阶段，采用的是所谓广义交互教学模式，没有计算机系统做支持，完全采用问题讨论教学模式和引入头脑风暴教学环节，记录和跟踪全班 33 个学生的状态则采用卡片手工记录；第二阶段，引入计算机网络平台，提供网络作业与评阅、微博、论坛、短信服务，实现了状态跟踪和评价。无论是在第一阶段还是在第二阶段，学生都非常认可这种教学模式，也获得了同行的认可。

在实施现有的交互教学模式过程中，实践表明通过构建智能服务平台，跟踪和评估学生的学习状态，帮助教师快速响应学生需求，可实现最大教学效益。

第三章　信息化教学模式的发展研究

教学模式是相关教育和教学理念的投射，它直接影响着信息技术的功能定位和师生的互动。教育现代化主要在于观念的现代化，即使运用比较超前的信息技术工具都远远比不上期望的效果。我们坚信，在使用每一种技术工具时，都是为了追寻完美的教育教学效果，但要是模式的研究达不到要求，理想一定会成为空想。美国教育技术学者（B. Trilling & P. Hood. 1999）指出，尽管信息技术是促使知识时代学习方法的重要手段，但是，我们一定要知道起重要作用的是实践模式，并不是工具。我们随时能在教室里添加大量的高科技硬件和软件，但是，如果我们不将实践模式有所变动，同时终止不合理的"电子马鞍形"（即软硬件很多，实践模式跟不上的现状）这种状况，为了让我们的孩子进入高速发展的知识时代，其效果是很有限制的，甚至还比不上从前。

信息化教学模式其实早已经被划分到新型教学模式范畴。由此说来，构建新型教学模式的关键之一是教育教学理念的定位。新型教学模式研究最终目标就是追求以及达到理想的教育教学效果。我们认为，一种教学模式是否为新型教学模式必须"新"在以下六个方面：一是必须教育教学思想观念（包括现代学习理论）是崭新的；二是对教学过程主客体关系的认识是全新的；三是现代教育技术的功能定位必须是新型的；四是教学情境的建立也是新的；五是师生主体的角色作用和相互之间的关系为新型的；六是教学模式应用的多样化必定是新的。

第一节　信息化教学模式的内涵研究

一、信息化教育

"信息化"并不是西方国家喜欢的概念，他们用了许多不同的名称来指称这种新型的教育形态，例如 E-education（数字化、电子化教育）、E-Learning（数字化、电子学习）、IT in Education（教育中的信息技术）、Network-Based Education（网络教育）、Online Education（在线教育）、Cyber Education（赛伯教育）。在 20 世纪 90 年代，由于信息技术的飞速发展，关于信息化教育的定义逐步清晰。事实上，信息化教育是一种教育形态，是在以现代信息技术为基础手段而形成的教育形态。

信息化教育是教育的一种特定表现形式，也是一种特殊的教育形态，并有其自身特定的目标。例如，"大数学教育""大语文教育"等是在信息化教育之外，有着具体目标的多种形式教育。

事实上，教育信息化的基本目标是培养满足现代社会发展需求

的创新型人才，最终实现教育的现代化与跨越式发展。教育信息化要以全新的教育思想和教育理念来指导信息和网络技术在教育教学领域的全面应用，并且教育信息化要依照培养创新型人才的要求，合理有效地通过信息技术的使用，教育信息化实践过程不仅仅是简简单单地将计算机和信息技术引入课堂的过程。教育信息化的本质是教育思想和教育理念逐渐转变的过程，是利用信息的视角对教育系统进行认识分析的过程。

二、信息化教学模式的定义与特征

（一）定　义

目前，国内外较为常见的信息化教学模式主要有：基于问题的学习、基于项目的学习、基于案例的学习、基于资源的学习、探究学习、协作学习、基于电子学档的学习、认知工具（如概念地图）、个性化学习、个别授导、操练与练习、教学测试、教学模拟、教学游戏、智能导师、微型世界、虚拟实验室、情境化学习、虚拟学伴、虚拟学社、协同实验室、计算机支持讲授、虚拟教室等。可以肯定的是，伴随着教育信息化过程的不断深入和发展，新的信息化教学模式也将不断地涌现，构成丰盈的新型教学模式种系。

（二）特　征

作为信息化教育的具体表现形态，信息化教学模式具有信息化教育的一般特征。它的表层特征是信息技术的应用，深层特征则涉

及人才观、教育观、学习观、教学观、技术应用观、评价观等方面的系列变化，是自觉适应信息、知识时代需求的必然选择。从学习文化的角度来分析，我们可以将信息化教学模式和传统教学模式做一比较，并从中理解信息化教学模式的特征。[①] 如表3-1所示。

表3-1　传统教学模式与信息化教学模式比较：学习文化理解角度

学习文化	传统教学模式	信息化教学模式
学习目的	重知识、职业、生存准备	重能力、潜能激发、自我完善
学习内容	变化缓慢、单学科呈现	变化迅速、跨学科交叉
学习过程	重视结果	重视过程
学习方法	重传输、接受	重启发、探究、协作
信息呈现	单一化	多样化、多媒体化
组织形式	班级、集体授课制	重个别化、远程合作化
资源范围	局域的、有限的	全球化的、无限的
学习空间	物理的、实地的	虚拟的、赛伯（Cyberspace）的
材料表现	单调的、有限媒体的	丰富的、多媒体的
学习工具	纸笔、书本、粉笔、黑板为主的	多样化的电子学习工具
学习时间	阶段性的、学习与工作分开	终身化的、学习、工作一体化
学习对象	条件化、资格化、有限制的	大众化、平等化、无限制的
学习方式	模具化、一统化	个性化、多样化
学习环境	封闭化、局限化	开放化、国际化
学习场所	特定化、专门化	社会化、组织化
学习者角色	纯粹的学习者	学习者、教育者、协作者
智能开发	语言、数理逻辑为主、偏左脑	多元智能、个性特长、左右脑平衡
师生关系	主宰、听从	主导、主体、平等
学习动力	外在强制	自主自发
学习管理	手工作坊式	计算机管理（CMI）
学习评价	纸笔测验为主、重结果	绩效评价、作品评价、重过程
教师角色	知识的传授者	学习的帮促者、指导者、组织者
学生角色	被动的接受者	运用信息工具的主动探求者

---

① 祝智庭，钟志贤. 现代教育技术：促进多元智能发展 [M]. 上海：华东师范大学出版社，2003.

三、信息化教学模式的意义

从自觉适应时代对教育教学改革的需求角度来看，信息化教学模式在于通过变革学习方式（包括教学方式、信息内容呈现方式、师生互动方式、评价方式等），以促进学习者发展适应信息、知识时代所需的知识、能力和素质。

美国有学者在综合研究的基础上提出了信息时代所需求的七大基本技能（七 Cs）[①]：如表 3 - 2 所示。

表 3 - 2　七 Cs：信息时代的基本生存技能

七大技能（七 Cs）	所包括的技能
批判性思维与实干（Critical Thinking—and—doing）	问题解决、研究、分析、项目管理等
创新（Creativity）	知识的创新、至善至美的设计方案、讲故事的艺术性等
协作（Collaboration）	合作、协商、达成共识、团体构建等
跨文化理解（Cross—cultural Understanding）	超越民族间的隔阂，跨民族的知识和组织文化
传播（Communication）	制作信息、有效地使用媒体
计算机素养（Computing）	有效地使用电子信息和知识工具
生涯与学会自立（Career & Learning Self—reliance）	处理变化、终身学习和生涯调适

---

① Trilling, B. & P. Hood (1999), Learning, Technology, and Education Reform in the Knowledge Age or "We're Wired, Webbed, and Windowed, Now What?" Educational Technology, 39 (5—6), PP. 5—18.

第二节　信息化教学模式的体系构建

一、素质教育与新课程理念体系

素质教育理念是统摄、反映现代教育理念的代名词。素质教育的核心理念主要有如下方面。

（1）强调教育的基本功能是促进人的发展。确立以人的发展来促进社会发展的观念，改变以往片面强调教育促进社会发展的价值取向，自觉地重视学习者的全面发展、全体发展和个性发展。在教育价值观取向方面提倡促进社会的发展和人的发展相统一，使教育同社会和人的发展相适应。素质教育把教育视为社会的主体（教师和学生皆为主体），教育的发展功能被视为终极目的。教育的一切努力是最大程度地促进人的发展。

（2）追求卓越。所谓卓越是人的潜能得到最充分的开发，自我价值得到最大程度的实现。素质教育是追求卓越的教育，在强调全面发展和全体发展的同时，更加重视个性发展、潜能开发。根据多元智能理论，衡量一个人的潜能开发、自我实现程度的重要标准是看其解决问题或生产、创造产品的能力水平。素质教育强调唤醒和培育追求卓越的意识与能力。这种理念转换到教学设计中，就是要促进学习者高阶能力，特别是高阶思维能力的发展。

（3）创新教育是核心。创新教育是当今世界教育改革发展的焦

点。知识经济的核心在于创新，综合国力的竞争表现为创新人才的水平和数量的竞争。教育是培养民族创新精神的主要动力，是实现21世纪中华民族全面振兴的关键，是培育丰富人力资源的根本出路。注重学生的创新精神和实践能力的培养，培育创新人才是素质教育的主要目的。人的素质并不是几个方面的简单相加，它需要进一步转化为人的活动能力，特别是创造性活动的能力，从而真正提高生活和工作的质量与效益。创新人才必须具备创新意识、创新人格和创新能力三个基本条件。因此，素质教育要注重培育学生的问题意识、批判意识和超越精神，引导学生质疑、调查、探究，促进学生主动的、富有个性化的理解和表达，引导学生从事实验和实践活动，培养学生乐于动手、勤于实践的意识和习惯，切实提高学生的动手能力和实践。

因此，对信息化教学模式的建构来说，应当自觉接受素质教育理念和新课程教学理念的引领，超越、制衡基于工业时代的教学模式建构与实践倾向，准确定位自身的功能和价值。唯有如此，信息化教学模式的建构与实践，才有可能成为一种与时代协同演进，通过促进教育变革进而推进社会变革的积极力量。

二、建构主义学习理论体系

建构主义是一种流派纷呈的认识论和学习理论。目前主要有六种建构主义类型：激进建构主义（Radical Constructivism）、社会建构主义（Social Constructivism）、社会建构论（Social Construc-etionism）、社会文化认知（Sociocultural Cognition）、信息加工建构主义（Information Processing Constructivism）和控制系统论（Cyber—netic System）。与此类似，P. Ernest 对建构主义的不同范式类型作了进一步的分析和研究。不同的是，Ernest 并没有把控制系统论看作一种建构主义类型。[①]

三、作为学习工具的信息技术体系

（一）技术的隐喻与作用

关于技术对变革教育、教学和学习方式的作用，已有许多理论假设和实证研究。尽管有些学者，特别是后现代主义学者对技术的作用提出了这样或那样的质疑，但总的来说是肯定的、积极的和多方面的。

（1）技术是适应时代生存与发展需求的必备素养。NETS（1998）认为，技术融入教育系统有助于学习者适应以技术为基础的、充满变化的时代。技术不仅是必备的素养，而且是促进学习者高阶能力发展的有效途径。

（2）技术有利于引发和支持教育变革。一方面，信息技术的应用引发了教育改革（顺应改革），另一方面，利用信息技术有助于支持教育改革（谋求改革）。

（3）技术有助于培植、创设和维护新型的学习生态环境。

---

① 高文，徐斌燕，程可拉，等. 教育中的建构主义［M］. 上海：华东师范大学出版社，2002.

（二）用技术学习

所谓学习工具，是指有益于学习者查找、获取和处理信息，交流协作，建构知识，以具体的方法组织并表述理解和评价学习效果的中介。从传统学习工具到信息技术工具，学习工具的种类很多。信息化教学模式建构与实践，比较注重信息技术作为学习工具的设计与应用。技术作为学习工具是"用技术学习"技术应用观的具体反映。技术作为学习工具有多样化的角色和功能，如图3-1所示。

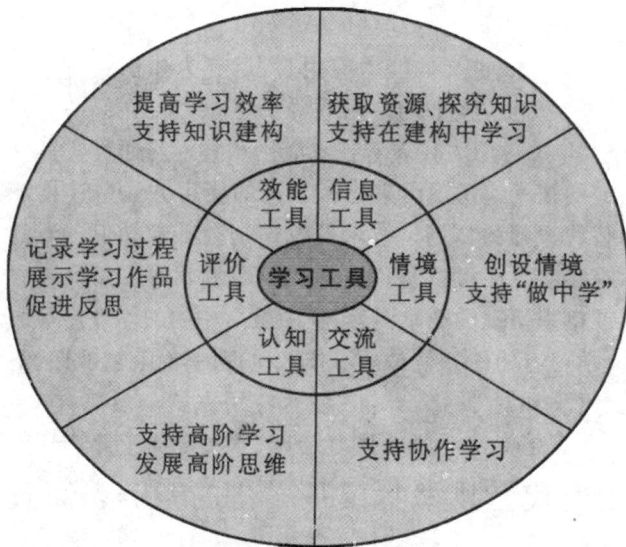

图3-1 技术作为学习工具的角色和功能

在信息化教学模式建构与实践中，信息技术作为学习工具，是使学习者用技术学习（learn with IT），而不是从技术中学（learn from IT）。从分布式认知的观点来看，人与技术的认知功能可以形成和谐的整体，在学习活动中各自发挥认知功能的优势。

第三节　信息化教学模式的实践研究

在我国信息化教育模式实践过程中，会遇到这样一些现象：一些课堂教学使用了现代技术媒体，但积极效果不明显；有些教学软件在教学上使用价值不高，并没有被大量地引入教室。这是为什么？相关的学者专家对这个问题做出了明确的回答：在教育信息化过程中信息化教育实践要取得成功，只有先进的技术媒体支撑是远远不够的，我们还要有先进教育、教学理论的指导。

一、信息化的教学模式概念理解

（一）信息化教学模式发生了变化

作为信息化教学模式的基础和标志，信息技术不仅承载和传输各种内容资源，同时其自身所具备的特性也在一定程度上提高了信息资源的丰富性、灵活性、交互性和开放性。因此，通过多媒体和信息技术方式，信息化教学在传授和讲解课程、教材的过程中，更具吸引力，也使得课程和教材的呈现形式变得多样化，从而丰富了教育信息资源。

在教学模式中，由于新技术和新媒体的推动，提升了教师在工作上的创新能力和整体调动能力。信息技术为教学内容的呈现方式多样化提供了技术上的支持，所以固定的教学内容表现形式从文字

图形增加到动画或音、视频等。通过现代信息技术，教师可以进一步明确教学中的重点、难点，从而提升教学质量。

现代教育媒体对于教学过程起到了巨大的推动作用，只有现代教育媒体才能真正解决问题。现代教育媒体的使用在教学过程中起着举足轻重的作用，看似简单的几张幻灯片或影像资料的播放都是信息化教学的一部分。因此，信息化教学过程强调的不是用信息技术设备美化的外在包装，而是真正意义上计算机及网络技术在教学过程中所实现的功能性作用。

（二）信息化教学模式角色发生了变化

在信息化教学模式中，媒体本身拥有大量信息，教师逐渐向引导者、指导者、咨询者和协作者的角色转变，让位于拥有大量信息的多种媒体。

在信息化教学模式中，学生逐渐变成了知识的主动接受者和探索者。网络将全世界的优秀资源连接起来形成巨大的资源库，以信息技术为基础，学生根据学习内容的需要，可以主动地进行选择，再进行探索和求知。信息化教学过程中，教师和学生的角色正在发生变化，不仅强调知识和技能传递，同时也注重学习者的主动探索和应用加工。

二、网络协作学习的实践研究

（一）内容多元化

在传统课堂上，教学内容是学与教之间信息的相互表达，这种表达不仅是实践标准、素材，也是课程实践本身。只是现在网络共享，不局限课程等资源的开放，自我主动的需求者可以在这上面，找到你想要的任何所需素材，而且资源的形式也是多种多样；并且，高端技术的广泛化，和人手智能机普遍化，自我主动学习的人越来越习惯这种智能机的使用，方便快捷，有效利用零碎的时间，实践的内容更不只来源于教材，还可以从不同的角度、不同的定位、不同的层次选择实践内容，使自我主动学习更容易收集素材、视野思维得到扩展。

（二）空间转变多样化

伴随着网络的兴起，高端智能设备的进一步使用，这种形式给予了复合式学习不一样的意义，学习者想要学习，随时随地都可以进行，不再受时间、地域等的限制。以非单一的实践为例，为了使各种语言相互间都可沟通，影音视频可以通过字幕解决，也有线上实时互动。

（三）评价真实化

这种网络共享集合了所有的要素、对比分析、技术评估等，自我主动的学习使用的次数、发表意见、采纳建议的情况，都可以具体地数据化。实践主体能通过对数据适度调整，在网络上，实践主体通过对数据、兴趣在网络之外就是真实的具体操作，是显而易见的评价。

（四）网络的组成特征

不是只有在网络上，还可以使用微信平台，随时学习。微信主要有三大功能：消息公告，接收教育部的公共消息，学校班级公告；精品推荐，同步学校的课程资源；个人中心，班级通知，账号绑定，管理课程资源与个人空间数据，批阅作业与答疑。

连接工具、学习工具、教学工具、管理工具、价值发现工具、资源共享工具，这六种网络功能，组成了多位一体的学习环境，打破原有形式，有利于技能专业教育的实践形式得到快速发展，如图3-2所示。网络集合了连接、管理、价值发现、资源等于一体的区域。这个平台可以使教学主体提高实践效率；管理得到提高，易于学生、家长的相互理解。

图3-2 "六位一体"的网络教学形式

三、网络课堂案例实践研究

科目的实践一般包括几个阶段：科目选择、预期、活动、制作

过程，互相交流以及最后的评价。[①] 这六个阶段融入翻转课堂的教学环节过程，包括之前、过程中、之后。单一的实践的特点就是在课前把要学的知识了解一遍，把它内销，在过程中把之前的难点再加以解决即可，更有针对性。根据单一课堂的特征，把其应用到实践中，针对项目式教学现状的不足，利用这种课程的优势，使其以更高效的形式得以展示，如图 3 - 3 所示。

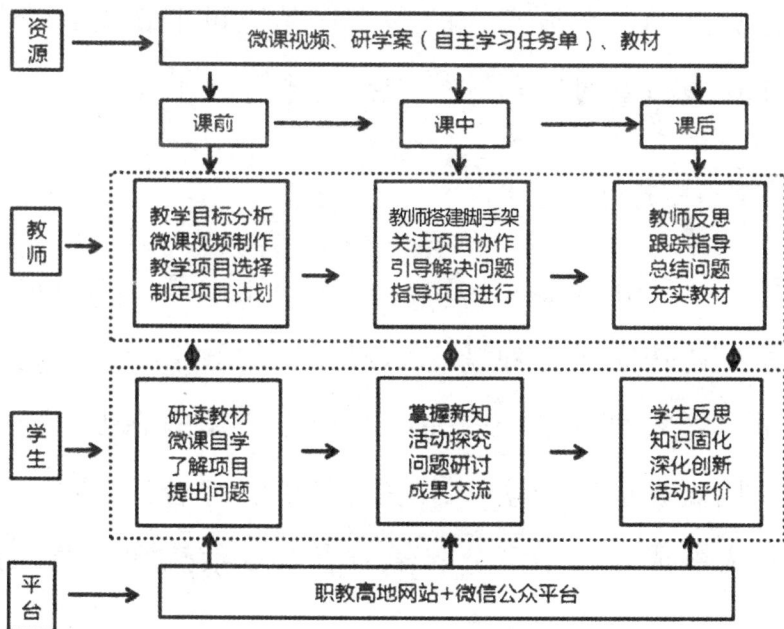

图 3 - 3 基于网络的项目教学模式图

（一）课堂准备

讲前，首先，教师是实践主体，应该提前准备好素材，应该包含有重点、有难点的短课影音和预教案，要把这些前期准备的素材上传到网络，然后自我主动学习的就可以通过登录自己的账号，进

[①] 胡建平.Canvas 平台支持下的翻转课堂实践探究［J］.中国远程教育，2014（9）.

行预习，了解跟进项目的进展，可以就相关难点进行提问，主客之间，学生与学生之间便于互动。

（二）课堂步骤

过程中，讲授的主体可以为客体设置学习的情景，也可设置障碍，要明确重、难点，当客体参与其中后，所有相关的问题均可在网络区域进行互动，客体有好的影音作品也可上传到这个区域，进行交流，主体最后要对问题进行解惑，并给出评价。

（三）协作学习

协作学习（Collaborative Learning，CL）是以小组或团队的形式，组织学生协作完成某种既定学习任务的教学形式。在协作学习过程中，学习者之间以融洽的关系、相互合作的态度，对同一问题运用多种不同观点进行观察、比较、分析和综合。其中，个人学习的成功与他人的成功密不可分，学习者共享信息和资源，共同担负学习责任，共同享受成功的喜悦。

（四）计算机支持的协作学习

计算机支持的协作学习（Computer Supported Collaborative Learning，CSCL）是基于多媒体计算机技术和网络通信技术进行群体协作学习的一种信息化教学模式。它利用计算机网络建立协作学习环境，使教师与学生、学生与学生在讨论、协作与交流的基础上进行协作学习。它是计算机支持的协同工作（Computer Sup-Dorted Coilaborative Work，CSCW）在教育领域的应用。

CSCL 系统的用户利用计算机结构进行人际交流，其对象是"集体智慧"。支持 CSCl 的技术包括电子信息系统、电子公告板系统和电子会议系统，等等。它们没有任何试图模仿"真实"环境的预设的结构，实际是一些"电子空间"。CSCL 允许多种形式的通信，如 E-mail、BBS、新闻组、电子会议系统，等等。每一种都可用于协作小组进行交流，个体之间、小组之间，同步的或者是异步的。

CSCL 技术能有效地支持小组协作学习。这些小组大小、持久性和结构不同。CSCL 利用小组决策支持系统、项目管理工具、电子会议系统和共享的编辑器等，能帮助组织小组的协作学习工作。CSCL 是一种相对新颖的教学方式，对革新传统的教学方式来说具有重大意义。与面对面的协作学习相比，CSCL 有许多特别之处。多样化的信息技术支持极大地扩大了小组协作学习的机会。

讨论是围绕某个话题所展开的交流。在线讨论有同步讨论和异步讨论两种方式。同步讨论主要是基于视频会议、聊天室、MUD/MOO、网络视频广播、卫星等网络通信技术工具来进行的。同步交流的优点是即时交互性、紧密连续性、简洁性，有助于培养应变能力。异步交流主要是利用交互功能，通过 VOD、E-mail、BBS、Listserve、Usenet、MOO 等网络通信工具来进行。它是以发表"文本"为基础的讨论交流形式，其形式不受时间限制，参与讨论的小组可以对讨论问题进行充分的思考，通过不同观点和立场的碰撞与交流，学习者可以对一个复杂事物达到一个相对全面且深刻的理解。

（五）课堂总结

实践完成后，实践主体要对通过网络上课前准备到客体接受效果进行汇总反思，再将出现的疑问进行梳理，完善教材以便改进自己以后的教学。实践完成后在网络区域内修改客体作品，课后在平台批改学生作品、给学生作品进行评价并按照相应比例打分。客体要通过教师的修改进行再创作。

网络思维教学模式科学地改变了原有的教学形式。当前教育环境的研究，既有技术上的，同时结合理念上的，使更多适应社会、高效解决难题的人才走向社会，它使生活改变在循序渐进中，易于被接受。

（六）课堂反思

完成后，实践主体应该把这个网络区域的要素汇总，进行节后反思，补充自己素材中学生大多质疑的部分，并追踪指导，也可个别讲授。同样的，客体可以一直保留着在这个区域的所有记录，自己的问题反思，主体的回馈，吸收准确的评价、建议。实践主体对客体的评价也是网络上和线下混合式完成的，把网络上的浏览次数、交流内容、与线下实践中的具体成绩共同加入评价中，两者按比例折合计算学生的成绩。需要具体反思问题有以下几个方面。

（1）素材是模板。素材是模板就是学生把素材看作认识事情的基础。通过这些素材，我们会效仿，为的是形成自己规范的人格，这些素材可能不是所有学生都需要，或者是需要所有，但你不得不承认，它确实让我们认清了事情，能够理性地对比分析事情的表面，并对其深层次的意义进行挖掘，所以素材就是模板。

（2）教师是研究者。教师不再只是在实践过程中起传递的作用，他会变成自我主动频道调适者、情况分析者和补充者，对自己应该有更高层次的定位和要求。教师不再只是一个真理的宣传者，而是一个学生学习的促进者、帮助者，是真理的追求者和探索者。在全新的教育观念下应当要树立一个积极的、能动的教师形象。

（3）学生是知识的建构者。学生是教学模式的主体，对整个学习过程有着自主、自控的权利和责任，在新的教育观念的指导下，学生的角色随之也发生了很大的变化，具体来说，学生由原来的问题回答者变为了问题的质疑者，由原来的被动听课者变为学习的参与者，由原来的解题者转变为出题者等等。总之，学生不再是被动地接受知识，而是主动地进行知识的建构。因此要实现教育理念从"以教师为中心"向"以学生为中心"的转变，关键在于发展学生的能力，应当努力做到以下几点。

第一，理解学生、不误解学生。教育者必须准确掌握受教育对象的知识结构，理解并接纳他们的现状，包括他们的能力特点、学习习惯、情感态度、价值观等，唯有全方面地了解教育对象，才能进行因材施教。

第二，尊重学生、不轻视学生。个体差异是永远存在的，不同地域、民族、性别的受教育者在学习能力和学习效果、道德修养和综合素质等方面都可能存在差异，教育者既要全面发展学生的综合素养，还要关注每个人的个体差异，虽然这些人为因素很难控制，但是作为教育者必须从学生的角度出发，尊重并给予前进的鼓励。

第三，服务学生、不利用学生。教育要以学生为本，要为学生

的"学"服务，而教师是学生"学"的过程中的指导者、服务者、支持者以及帮助者，教师不能为了满足自身的需要，而让学生达到某种目标。

第四，启迪学生、不蒙蔽学生。处于中心位置的学生并不是十全十美的，大多数情况下需要通过教育启发使其加强个人全方位的能力，当然在这个过程中教师应注意启迪熏陶的方式，不能采取训斥、强制等过激手段，教育者要在点滴中通过影响、熏陶和启发，使学生自身逐渐感悟、反省并形成正确的价值观。

第五，激励学生、不压抑学生。以学生为中心教育模式的根本目的是促使学生扬长补短、各得其所。教育者要充分开发学习者的潜能，不能以固有的评价模式和评价标准去衡量学习者的学习效果及个体能力，并力求建立和谐而又独特的师生关系，推动教育教学改革深入发展。

（4）形成自我主动的态度。终身教育是现今流行的一种教育思潮，其思想渊源可以追溯到古代。20世纪60年代的法国人郎格朗认为终身教育是与有限的学校教育相对的，它贯穿于一个人生命的整个过程，影响着学习者生活的各个方面，是全面性和连续性的统一。联合国21世纪教育委员会将其描述为"与生命有共同外延并已扩展到社会各个方面的连续性教育"。

一直学习，一生实践，就是要每个学生能按照自己的现有形式和自身的需求，本着这样的想法，形成自己连续的计划，进行主动约束，给自己鼓励，用所有的方式实行自己想法的过程。

（5）形成学习者良好的信息触觉。从大的方面来说，信息感觉要有信息挖掘的想法，要有获得的能力，要有一定的道德，要有扶持能力的知识四方面的素质；狭义的信息素养通常指信息能力。信息技术与课程整合就是要培养学习者这些方面的素养，其中信息知识是指学习者要熟悉与信息技术相关的常用术语和符号、了解与信息技术相关的文化及其背景、熟知与信息获取和使用有关的法律和规范；信息能力是核心，要求学习者有对信息的挑选、获取、分析、加工、创造、传递、利用、评价和系统安全防范的能力；信息意识是要培养学习者对客观事物具有价值信息的觉察、认识和力图加以利用的强烈愿望，要有信息抢先意识、信息忧患意识；信息道德的主要内容是要求学习者诚实守信、实事求是，在信息传递、交流、开发利用等方面服务社会群众、奉献社会，并且要努力促使学习者自觉遵守一定的信息伦理道德标准来规范自身的信息行为与活动。

（6）形成实践方法。在高端网络技术的参与下，在现有学习环境中，实践者的实践方式都发生了改变。实践者最主要的是利用信息化平台以及数字化资源获取知识，而不再是单纯依赖教师的讲授和对课本的学习。实践的主体——园丁，要与实践的参与客体相互合作、相互配合、分享素材、扩宽思路，在研究、发现、改变、展示中进行实践。学习终端不再是单一纸质版，还有更丰富多样的电子终端，例如阅读笔、图形计算器、表决器、手机、平板电脑以及各种体验式的学习终端，这些功能强大的学习终端对当今时代的实践者学习的意义给出认可的信号。所以，把高端网络与实践融合，会让学生接触到最极致的实践方法。

课堂的空间要素包括课程的研制者、学习者、课程内容和环境四个方面。高端网络和时间需要整体元素的融合，主要就是指高端

网络与实践的这四个整体要素的融合。高端网络与时间融合的底层要求是从实践空间要素角度出发，就应该会有实践从业者的合作、实践接受者的配合、实践内容的符合、外部环境的吻合。在这之外，最应该有的是还原学习原有的模样，回归其本身，以自身为主的整体结合。

（7）关于课程编制者。课程编制者主要指对课程进行编排、组织，并能够形成一定的方案或计划等的有联系的参与者，可能是有联系的实践相关的政府官员、实践的专家、教育技术专家，也可能是实践学校的相关领导以及课程具体实施人员即教师。在这一空间要素上基于课程编制者的整合，主要是采用一定的训练或相关的探索形式，使实践编制者们学习与实践有关的基本知识、基本理论，掌握现代信息技术，具备一定的实践素质和信息元素，并在此具备情况之上形成开展高端网络技术和实践结合的低层技能，使现有的信息实践的采用能力提高，在所有方面开发出符合时代需要、满足学生发展需求的信息化课程。同时在课程研制开发的过程中，课程编制者也要充分利用信息技术，收集、加工、处理整合各种信息。在编制文字教材的同时，综合利用现代信息技术，设计、开发与教材同步配套的教学软件。

（8）关于环境。课程要素中所提到的环境，是指影响人的学习、生命存在及其活动的各种文化因素的总和，它包括了对人的学习具有影响作用的各种空间内的各种相关要素，同时也包括了时间进程中的有联系要素。从外部空间整体看，情景是很特殊的实际存在的环境，有校园环境和社区环境，其中校园环境具体来说包括教室环境（如实验室、教学场地等）和宿舍环境；社区环境包括家庭环境。通常提到的实践空间，如果从人的学习生命存在及其活动功能实现与现存状态的角度来看，其内容就更加丰富，包括了生理、心理、物质、交往和活动等等。

四、高端网络教育教学模式的实践研究

目前很多高等学府，都是把应用高端网络技术作为学科革新的重要手段，是实践的中心，是实践要素的组成和服务支持，高等学府连接在一起，用高端网络技术作为支持，运用媒体影音实践服务区域组建多个有代表性的、重要项目的落实，使高校的区域网络技术向国家一流水平发展，带领偏远地区的高校网络化的建设，促成网络实践技术与高校之间的深度融合。

夯实信息化教学基础，构建高水平实践共享平台。很多大学都自己立项组建了高端网络技术互动的形式，来达成本学校的校区间和不同学校的校间媒体互动交流需求。目前已经在很多高校的校区间，不远几公里建成多个这样的实践教室，互动效果优良。重庆大学计划在年内再建设 3 间不同规模的高清互动直播教室。课程共享联盟建设项目凸显了信息技术对于教育手段改革的重要支撑作用，具有很好的示范意义。网络交流实践场所已经在今年的发达地区高校的共享媒体会议上，给各参加院校进行了现场演示。

加强高端网络教学平台建设与应用，努力实现教育教学与信息技术的深度融合。为把网络技术与实践教学的整体相结合，使客体的多方面的学习和特殊性的学习得到满足，基于复旦大学的网络共享实践平台的建立，运用这个平台，可以进行一站式教学互动交

流，同时也能进行选课参考。截至 2013 年 6 月，平台有教学班 348 个，使用人数 8031 人，总访问量 385553 人次，上传与下载资源 126534 人次，作业批改 156879 人次。在重庆大学的大力推动下，重庆市已有西南大学等六所高校加入 Sakai 联盟，使用统一的 Sakai 代码进行教学平台的建设与应用。

创新高端课程文献中心建设，丰富信息化教学资源。重庆大学是卓越联盟、重庆市大学联盟的主要成员，有必要基于战线统一的文献共享管理中心，运用高校战线实践中心的组建，建立起成体系的课程文献资源，为联盟 Sakai 课程等教学资源平台提供在线文献支撑，年内将完成 5000 册课程参考书目的建设。通过文献中心，可以将高端网络高校内的图书馆和课程平台进行有机连接，大大加强文献对课堂教学的保障作用。

（一）高端网络教育教学信息化技术需求分析

信息时代的到来，数字校园的兴起，给传统教育带来了极大的冲击，教学模式和思维方式也随之改变，这些变化主要体现在以下两方面：以教师为中心向以学生为中心转变，从面向学习结果向面向学习过程转变。在现在的历史环境中，媒体实践要想发展就需要必要的改变，而开展高校统一战线化是实现发展的可行道路。运用高校战线的实践可以有效加强高校之间的多方面联系，达到补充优点、缺点，使要素得到共享，使学院的实际竞争力得到显著上升，把所有的好的、优良的要素结合在一起，易于学生掌握新的知识，也易于造就复合型人才。因此，学院战线可以使其快速发展，也是学院的必走之路。

　　把网络手段技术运用于教学不仅能为教学的时间和空间提供弹性，也能为教师提供建立一种灵活的教学环境的机会，满足学生多元化与个性化学习的需求，为联盟化教育提供技术基础，所以如何运用信息技术为高校联盟化教育教学提供更好的支撑服务显得十分重要。网络手段化组建是学院的不可少的部分，它既生长在基层，也有自己的长期性。经过很多年的建设，网络技术手段已经小有成就，学校已建成数据中心、通信交换中心、万兆双栈网络、统一门户、统一身份认证、统一数据库等基础软硬件平台，建设了一批教学、科研、管理应用系统，实现了学校人、财、物等基础性数据的交换与共享，学校专门投资新建高标准网络多媒体教室 30 个，信息与网络管理中心、图书馆、许多学院都建设了自己的学生机房，网络学院建立了远程教学专网。院校网络技术化的组建虽然已经取得了一定的成绩，但也有自己要面对的困难。

（二）高端网络教育教学信息技术应用效果

　　（1）高清互动超大视频平台。"高清互动超大视频平台"既可以作为实践场所，也可以作为接受场所，使两校区间的实践与接受在自家的课堂都能得到实施共享，不在一所学校，但仍能接收到每个老师的媒体影音，感受到真实的实践场景，它适合各种实践过程。高清互动超大视频平台，在实践的交流方面，不同学校，只要上一堂课，也是一起考察出勤，一起在平台上交流，能知道整个教学过程，增强了不同校区课堂把控力。在高清互动超大视频教室中，助教可以利用便捷的辅助控制工具，实现对教学过程的直播、收视、互动等控制，有效提高跨校课堂的课堂秩序以及教学质量。

系统管理方面，高清互动超大视频平台教室能够为教室资源统一管理和调配，以及直播课堂远程观摩和监控服务。系统能够自动对接我校视频中心系统、教学管理服务系统，完成视频自动上传。在2012—2013年春季学期，在 A 校区和虎溪校区建成的 2 个高清互动超大视频教室中，有来自重庆大学机械学院和经济与工商管理学院、福特公司、四川大学、上海交通大学、重庆市摄影协会等12 位专家学者开设的 9 次系列讲座，共计 58 个学时，师生普遍反映良好。

（2）网络教学服务平台。第一，运行数据。网络教学服务平台于 2012 年 9 月部署并试运行，全校师生积极参与，截至 2013 年 5月，总共建立教学班站点 348 个，平台使用人数 8031 人，作业批改15.7 万人次，资源下载 12.7 万人次，答疑讨论区回帖数量 7.1 万个，平均每天访问量 1606 人次，最高每天访问量 7056 人次，取得了良好的应用效果。第二，绩效分析。为教务处和教学管理人员了解教师的教学过程和效果提供手段。通过网络教学平台可以统计出教师对平台的关注度和访问量、与学生的交流互动情况、作业批改情况、答疑回复情况、课程资料整理情况等，从而为教师的考评提供参考依据。为教师了解学生学习状况和学习态度提供渠道。通过网上答疑功能、随堂测验和在线交流功能，教师能够了解学生的学习状况以及学习态度，从而把握后续教学的重难点，进行有针对性的指导，因材施教，均衡深浅度，提高课堂教学效率。此外，平台的统计数据和学生的反馈信息，也能作为学生平时成绩的参考。为学生课堂后的学习、疑问的解决以及选课参考提供条件。学生可以在课堂后，在寝室、自习室甚至在车上，通过平板电脑、手机等终端设备连接平台获取教学资源、提交作业、进行随堂测验、互动交流。同时学生也可以加入感兴趣的课程站点，根据课程介绍、课程资源以及师生间互动情况，更加深入直观地了解该课程，从而为选课提供依据。

（3）联盟课程文献中心。课程文献中心已经完成方案的需求设计、元数据标准制定、课程文献管理和服务平台的工作。在元数据标准方面，根据需求完成了课程文献相关的 12 种元数据标准制定，包括图书、期刊论文、图片、网络资源、音视频等，均采用都柏林核心元数据集，保证数据库平台的可持续发展，对于日后的系统升级、数据迁移、数据交换、资源共享均具有重要意义。课程文献管理和服务平台集数据加工、资源建设、管理、发布、检索与服务等功能，不仅支持各类文档数据，还支持多媒体数据，满足课程中心建设音频、视频特色数据库的需求。

第四章　导学课堂教学模式的发展研究

第一节　导学课堂教学模式的基本内容

国家规定新课程的培养目标是：要使学生具有爱国主义、集体主义精神，热爱社会主义，继承和发扬中华民族的优秀传统和革命传统；具有社会主义民主法制意识，遵守国家法律和社会公德；逐步形成正确的世界观、人生观、价值观；具有社会责任感，努力为人民服务；具有初步的创新精神、实践能力、科学和人文素养以及环境意识；具有适应终身学习的基础知识、基本技能和方法；具有健壮的体魄和良好的心理素质，养成健康的审美情趣和生活方式，成为有理想、有道德、有文化、有纪律的一代新人。为进一步深化课堂教学改革，巩固新课程改革成果，全面实施素质教育，提高教育质量，拟实施导学课堂教学模式。

一、指导思想

以《国家中长期教育改革和发展规划纲要（2010—2020 年)》为指导，关注学生发展，强调教师成长，重视以学定教，优化课堂教学方法，探索推进素质教育的新方式，提高学校教育教学质量，提升教师发展水平，让每一个学生都有所进步。

二、任务目标

（1）转变传统的教学观念，实现自主和合作学习。打破传统课堂教师只重视"讲"而忽视学生"学"的做法，正确处理好传授知识与培养能力的关系，引导学生质疑、调查和探究，培养学生学习的独立性和自主性，促进学生主动学习、自主学习和合作学习。

（2）促进师生交流与沟通，努力实现三维目标。通过课堂改革使教师成为学生学习的促进者、组织者、引导者和参与者，大力倡导实践、参与、合作与交流的学习方式，把学习的主动权交给学生，真正实现知识与技能、过程与方法、情感态度与价值观三维目标的统一。

（3）关注学生的学习过程，提升学生多元能力。激发学生的学习积极性，关注学生的学习过程，引导学生主动参与课堂，培养学生的"听说读写"能力、独立思考能力、自主探索能力、动手操作能力以及合作交流能力，让学生学会灵活运用知识，让每一个学生都能得到充分的发展。

（4）发挥德育立体式作用，培养良好的学风。加强教学、常规、生活等各个层面的交叉作用，营造良好的班风、学风，促进良好学习习惯的养成。

（5）培养学生的综合素质，促进教育质量的提升。构建起符合学校教学实际的课堂教学模式，努力培养学生自主学习和合作学习的能力，以课堂改革促进教学质量提升。

（6）提倡"以学论教"，以学生在课堂教学中呈现的状态来评价课堂教学质量主要从学生的情绪状态、注意状态、参与状态、交往状态、思维状态、生成状态六个方面进行评价。

第一，情绪状态。学生是否具有浓厚的兴趣，对学习具有好奇心和求知欲；是否能长时间保持兴趣，能否自我调节和控制学习情绪；学习过程是否愉悦，学习愿望是否可以不断得以增强。

第二，注意状态。学生是否始终关注讨论的主要问题，并能保持较长时间的注意力；学生的目光是否始终追随发言者（教师或学生）的一举一动；学生的倾听是否全神贯注，回答是否具有针对性。

第三，参与状态。学生是否全员参与学习活动；是否积极主动地投入思考，兴致勃勃地参与讨论和发言；是否自觉地进行练习。

第四，交往状态。整个课堂气氛是否民主、和谐、活跃；学生在学习过程中是否友好分工与合作；是否能虚心地听取他人的意见，尊重他人的发言；遇到困难时，学生能否主动与他人交流、合作，共同解决问题。

第五，思维状态。学生是否围绕讨论的问题积极思考、踊跃发言，学生回答问题的语言是否流畅、有条理，是否善于用自己的语言阐述自己的观点；学生是否敢于质疑，提出有价值的问题并展开讨论；学生的回答或见解是否有自己的思考或创意。

第六，生成状态。学生是否掌握了应学的知识，是否全面完成了学习目标；学生的学习能力、实践能力和创新能力是否得到了增强；是否有满足、成功和喜悦等积极的心理体验，是否对未来的学习充满了信心。

三、导学课堂的基本特征

导学课堂教学模式就是教师根据课标和教材，结合学生实际，设计导学案，在导学案中设置学习要求和问题探究，引导学生课前自我预习或小组探究，引领学生课中进行目标学习、任务学习和小组学习，通过生生互动、师生互动和小组互动等形式，运用讨论、展示和检测功能，发现问题、解决问题和巩固提升，真正发挥教师的主导作用，切实发挥学生的主体作用，创造出教师"教"与学生"学"相互促进的有生命活力的课堂。导学课堂教学模式的基本特征是，导学引领、预习探究、合作讨论、展示检测、反馈总结。

四、导学课堂的时间安排

（1）检查预习情况与确定讨论任务。　　　　（5分钟）

（2）学生分组讨论与合作探究。　　　　　　（10分钟）

（3）学生各组派代表展示与探究。　　　　　（10分钟）

（4）学生纠错、互评与教师的适当点评。　　（5分钟）

（5）学生测试与学生互评。　　　　　　　　（10分钟）

（6）教师小结与布置作业。　　　　　　　　　（5分钟）

这一课堂教学模式以学生在课堂上的自主参与为特色，课堂的大部分时间交给学生，教师用较少的时间进行点拨和启发。整个教学过程，教师的讲课时间不多于20分钟，确保学生学习交流和成果测评各10分钟。教师引导学生在小组中交流各自搜集到的资料，对同一问题发表不同的看法，对同一题目提出不同的解法，鼓励学生相互切磋，相互启发，形成学习合力。

五、导学案使用的要求

导学课堂教学模式强调导学案引领，导学案应有别于教材、教案和练习册，重在交代学习重点难点、指明学习内容、引领学习环节、引导自主探究、指导学习方法。

教师每次设计导学案要标明学生预习所要完成的内容，合理安排一定的预习量。中、高考考试科目的导学案，每课时一般以10—15分钟的预习量（A4纸双面）为宜，在上课前一天（或前两天）分发。非中、高考考试科目的导学案，每课时一般为5分钟的预习量（A4纸单面）为宜，一般在上课时分发且在课中完成。高中语文和高中英语在早读时间完成学科预习。预习以基础知识认知为主，填空和辨别不超过5题，问题思考1—2题。晚修时间让学生重点预习中、高考的理科类科目，并完成一定的作业。

教师对学生的课堂检测内容和课后作业可不在导学案中体现，而是单独印制，供学生课中检测或课后完成。课堂检测内容也可以用PPT展现，让学生在课中完成。非中、高考科目一般不预留课外书面作业。

六、导学课堂教学模式的课堂调控

(一) 重视班内学习小组的调控力度

学习小组的组建要根据学生学习基础、学习成绩和性格特点等情况合理安排，每个小组都会有学习优秀者和学困生，让优秀生（或尝试让学困生）当小组长，一般按学习成绩编号排序，让学困生尽量靠前而坐。展示时可让学困生首先发言，由学习较好的几位学生（或其他学生）进行订正和评价，充分利用学生资源，调动每一个学生的学习积极性，提高学习效率。

(二) 重视教师讲解时间的调控力度

教师一节课讲解时间一般不超过 20 分钟。课堂要做到"三讲、三不讲"。"三讲"即讲学生提出的问题，讲学生不理解的问题，讲知识缺陷和易混易错知识；"三不讲"即学生不预习的内容不讲，学生可解决的问题不讲，学生听不懂的问题不讲。课堂上要及时纠正错误，给出正确答案。教师的作用应由教、领、讲变为启发、督促和帮助。

(三) 重视学生练习方式的调控力度

讲究和推行灵活多样的练习方式，如提问、对话、复述、争辩、阅读、默写、摘抄、作业、实验、设计、小结、表演、游戏

等。引导每个学生做到六行并举，即"真听、实读、勤思、善问、能议、敢评"。

（四）重视课堂交流展示的调控力度

让学生充分展示、暴露，激发比、学、赶、帮、超的兴致和愿望。交流展示要更多地关注中、下游学生，切实做好课堂秩序和纪律的调控。

（五）重视学生自学能力培养的调控力度

树立预习就是学习、自学就是正课的观念，加大对学生课内外预习自学的跟踪，学生没有预习的课不准上，学生预习不好的课不能上。重视把学生预习自学的成效纳入评课标准。晚自习一律不准上课和讲评。

（六）重视课堂预设和课堂检查力度

教师要为学生的预习提供目标设计，把学生自学中可能出现的问题尽量想全想好，能应对学生思维的多种可能和课堂上各种突发问题。加大对学生作业、随堂练习、随堂笔记、单元检测试卷等的检查力度。

第二节　导学课堂教学模式的实施步骤

导学课堂教学模式的实施大体分为三个步骤，即初步试验阶段、全面实施阶段、总结深化阶段。

一、学习研讨阶段

（1）成立组织机构，制定试行方案。学校制定导学课堂教学模式试行方案，成立领导小组，为课堂改革的推广奠定组织保障。

（2）广泛宣传发动。营造课改氛围。学校召开教职员工研讨会，组织教师观摩杜郎口中学教师的展示课视频，探讨学习杜郎口中学课改经验，组织各种形式的交流活动，营造浓厚的课改氛围。

（3）搜集相关资料，组织学习研讨。教科室搜集导学课堂教学模式的相关资料，编印下发到教师手中，组织教师认真学习、研究、探讨。

（4）制定课型要求，指导导学案编写。教务科、教科室初步制定出符合学校实际的预习、讨论、展示、测试、点评和小结六个环节的导学课堂的课型要求，供教师参考和讨论。备课组教师按照学校相关编写导学案的要求，分工完成半个月的导学案详案，送交审核后由教务科安排复印。

（5）教师试行上课，教学骨干观摩。学校推荐部分骨干教师试行上课，学校领导和教学骨干下班听课，及时反馈成功的经验和存在的问题，对教师上课和学生活动进行必要的点评和指导。

二、全面实施阶段

（一）从理论转化为实践

（1）鼓励教师大胆实践、全面铺开、积极实践、探索完善课堂

教学改革新模式。

（2）备课组加强对学生自主预习和课堂合作的研究，深入探讨学生自主预习的有效方法，培养学生自觉学习和自主学习能力。

（3）教科室组织全体教师在探索实验的基础上，开展课堂教学改革新模式的大展示和大研讨活动。

（二）重视课堂教学研究

（1）教科室通过下发学习资料、组织外出学习、举办专项讲座、开展学科论坛等活动，不断提高教师的理论水平和教学素养。学年结束时，每位教师都要撰写一篇质量较高的实验总结或课改论文。

（2）教科室和教务科重视对集体备课的指导，提高教师的教材把握能力和课堂驾驭能力，深化学生学法研究，提高学生的自主学习能力。

（3）教科室通过组织公开课、研讨课、示范课，组织课堂教学比赛、经验交流会、专题培训班、校本培训等活动，充分反馈课堂教学存在的问题，切实提高课堂效率。

（三）制定配套管理方案

（1）教务科制定相关规章制度、配套方案和评价细则，激发教师积极投入课堂教学新模式的实验研究中。

（2）教务科按照课堂教学新模式的评估标准，及时发现典型，树立榜样，引导广大教师不断巩固实验成果，不断深化课堂教学新模式研究。

（3）学校组织部分骨干教师外出考察，加强与其他实验学校的交流探讨。

（四）抓好常规检查落实

（1）教务科重视教师导学案运用、学生课后作业的检查督导工作，对工作中出现的问题及时予以纠正。加强课堂教学检查督导，防止课堂出现失控现象，切实保证每节课的教学效率。

（2）教科室和教务科加大对备课组活动的检查和指导力度，要求教师准确把握课时重点和难点，防止只重"讲"而忽视"学"的课堂设计，重视课堂上学生学习思考浮于表面的现象。

（3）教科室和教务科加强对教师教学行为的全程跟踪，重视听课评课指导，要求各教研组上报导学案编写和公开课安排，组织力量对教师的预习课、展示课、反馈课三个课型进行全程听课指导。

三、总结深化阶段

（一）总结经验

（1）及时总结课堂改革活动中的成功经验，以专题讲座、研讨会、展示课等形式予以交流推广，供教师学习借鉴。

（2）发挥骨干教师的示范带头作用，举办示范课、观摩课活动并结合评奖活动，树立典型，以先进性和典型性促进全体教师共同做好业务提高。

（3）总结教师课堂改革成果，汇编优秀研究课题、教学论文、导学案、教学案例、教学经验等，并给予评奖。

（二）表彰奖励

（1）学校重视学生和家长对课堂改革的参与和评价，组织评选优秀学生和优秀家长活动。

（2）学校召开阶段性成果表彰会，对实验中表现突出的先进年段、先进班级、先进教研组和先进备课组、优秀教师个人进行表彰奖励。

（3）通过听课评课、学生及家长反馈、教学质量情况初步确定各学科试验带头人，为其颁发证书并对其进行重点培养。

（三）深入研究

学校在实验取得阶段性成果的基础上，及时总结实验中存在的问题，进一步制定措施，深入开展研究，完善课堂教学新模式。就改革中的课堂操作性问题、学生能力培养问题和质量评价问题加强校本研究，把实验引向深入，打造学校办学特色，取得更大的成绩。

第三节　导学课堂教学模式的实践研究

一、案例1:《碰撞与冲突》

（一）学习要求

（1）了解19世纪中期到19世纪末有代表性的批判现实主义文

学的主要成就。

（2）列举 19 世纪的音乐作品，认识其产生的时代背景与艺术价值。

（3）理解社会发展和科学进步对现实主义和印象主义绘画所带来的深刻影响。

（4）理解艺术作品的时代性、多样性和民族性。

（二）学习重点与难点

重点：理解 19 世纪中期到 19 世纪末文学艺术领域获得发展的历史背景；巴尔扎克的《人间喜剧》、托尔斯泰的《战争与和平》、梵·高的美术作品中所包含的艺术价值。

难点：理解这一时期文学艺术作品产生的时代背景，理解这一时期文学艺术的时代性和民族性。

（三）学习方法

阅读理解法、归纳法、比较法、问题探究法。

（四）学习过程

【复习预习】基础梳理

思考问题：

（1）回顾 18 世纪末 19 世纪初浪漫主义文学艺术产生的时代背景。（通过阅读法，从不同角度阐述）

（2）试简要说说浪漫主义文学艺术在描写对象上、表现手法上和思想内容上有什么特点。（阅读归纳法）

（3）列举 18 世纪末 19 世纪初在文学、音乐和美术领域浪漫主义的成就各一个。（包含人物、代表作）

【课堂展示】阅读回答

（1）试简要分析、理解现实主义文学艺术产生的历史背景。（阅读教材 P147，试从政治、经济的角度进行学习）

（2）列举史实说明 19 世纪中叶欧美资本主义制度逐渐得到巩固。

（3）工业革命的完成为文学艺术的发展提供了什么条件？

【小组合作】互动探究

阅读下列材料，回答问题。

材料一：作为"浪漫主义之父"，指责理性的完善破坏了人的自然状态的美好，攻击科学艺术所创造的人为的文化控制和支配了人的头脑和心灵，使人失掉了自己天然天性中最为神圣的品质，导致道德良心的泯灭。他号召人倾听自己的感情和良心，倡导"回返自然"。然而卢梭又赞美理性，相信"对于神圣性的最高理解只能来自理性"，而且理性同样是他自己思考伦理的主要形式。在他那里既不要理性，又要理性，他超出了单一方向的思路，以一个人而看到了朝两个相反的方向上求知的必要性，并且在两个方向上都以极端的形式表达了自己的思想。作为思想家，他则似冰似水，像多棱镜一样折射出多方面的意义。

——摘编自《追溯浪漫主义的源头——一个新时代的开启》

（1）阅读材料并结合所学知识，指出"浪漫主义之父"是谁？为什么说他"在两个方向上都以极端的形式表达了自己的思想"？请用具体史实加以说明。

材料二：如果说浪漫主义文学最基本的特点是以充满激情的夸张方式来表现理想与愿望的话，那么，可以说，在世界各民族最初的文学活动中，就已经存在这种形态的文学了。但是作为一种文学思潮，一种文学表现类型，以及作为一个明确的文学理论概念，却是后来逐渐形成的；浪漫主义文学的发展也经历了一个漫长的历史过程。

——摘编自《浪漫主义文学》

（2）结合材料二和所学知识，你认为中国古代最早的浪漫主义文学之源应属于哪种文学体裁？请指出浪漫主义"作为一种文学思潮"的形成时间，并结合材料一和所学知识分析它形成的背景。

材料三：批判现实主义文学思潮是在特定的社会历史背景下产生的，它的形成是社会对文学的必然要求。批判现实主义摒弃浪漫主义的主观想象和抒情性，通过对社会做如实细致的描绘，揭露社会的黑暗，倡导社会改良。

——摘编自《外国文学史》

（3）根据材料三和所学知识，说明批判现实主义文学产生的"特定的社会历史背景"，并列举两位法国批判现实主义作家及其代表作品。

（4）综合材料一、二、三，谈谈你对文学思潮的形成和发展的认识。

【巩固提高】课堂检测

（1）（2007·深圳）恩格斯说："和启蒙学者的华美言语比起来，理性的胜利，建立起来的社会制度和政治制度竟是一幅令人极度失望的讽刺画。"在这种"令人极度失望"的社会背景下兴起的文学

流派是（　　）。

  A. 启蒙文学　　　　　　　B. 浪漫主义文学

  C. 现代主义文学　　　　　D. 古典主义文学

（2）（2008·广东）恩格斯说，这些作品"汇集了法国社会的全部历史，我从这里，甚至在经济细节方面所学的东西，也要比从当前所有职业的历史学家、经济学家和统计学家学到的东西多"。这些作品的作者是（　　）。

  A. 司汤达　　　　　　　　B. 狄更斯

  C. 巴尔扎克　　　　　　　D. 列夫·托尔斯泰

（3）（2008·泰安）《战争与和平》是社会、人生的一面镜子。此书的文学艺术风格是（　　）。

  A. 浪漫主义　　　　　　　B. 现实主义

  C. 荒诞主义　　　　　　　D. 古典主义

（4）（2008·江苏）《巴黎圣母院》和《安娜·卡列尼娜》分别是浪漫主义文学与现实主义文学的代表作，这两种文学的相同点是（　　）。

  A. 崇尚理性主义　　　　　B. 均用夸张的表现手法

  C. 鼓吹暴力革命　　　　　D. 揭露社会问题

（5）（2008·山东）库尔贝在一封信上这样描述《石工》："弯着腰、身体被烈日烧灼、头戴麦秆草帽的七十岁老人，他那粗布的裤子上打着补丁，脚上穿着古老的木鞋，破袜子露出脚。在老人旁边是个满头尘土、皮肤被太阳灼成褐色的少年。"此画应属于下列哪一绘画艺术流派？（　　）

  A. 古典主义　　　　　　　B. 现实主义

C. 浪漫主义　　　　　　　D. 现代主义

（6）（2007·潍坊）下列叙述最接近印象派艺术特色的是（　　）。

A. 描绘自然，捕捉光与色的变化

B. 夸张抽象，着重于内心的主观感受

C. 赞美劳动，注重表现社会现实

D. 关注体积，通过变形图案组合表现

（7）下列名言或描述体现批判现实主义内容的是（　　）。

①"如果冬天来了，春天还会远吗？"②被誉为"资本主义社会的百科全书"；③深刻揭露了人性的光辉与阴暗面，具有非凡的艺术效果；④"过去属于死神，未来属于自己"。

A. ①③　　　　B. ②③　　　　C. ③④　　　　D. ②④

【知识小结】重点回顾

（1）结合所学知识，建构本课知识体系（学习建议：可以是表格式、知识框架等形式，鼓励创新）。

（2）列表：简要比较浪漫主义文学和现实主义文学（学习建议：试从文学、音乐、美术方面，以时间、背景、主要代表人物及代表作、影响为对比项进行学习）。

（刘开梅）

二、案例 2：导学收获多多，缺憾必须修补

导学课堂模式实施以后，我们的课堂教学出现了很大的变化，也面临很大的挑战。下面结合自己的实践及学生的反馈，谈谈收获与反思。

（一）收　获

1. 调动了学生的学习积极性

导学课堂教学模式下，我们把课堂还给了学生，调动了学生的学习积极性。课前，教师设计导学案让学生自主预习，学生都有一定的自我发现。课中，学生根据自己的课前预习，讨论和展示时特别有激情和感受。有些学困生在小组讨论中还有自己的"小老师"，老师还可以在适当的时候让他们上台展示。在老师和同学的肯定下，大部分学困生也主动参与到了课堂教学中来。

2. 提高了学生的学习能力

教师根据学生的学习基础和实际情况，设计符合学情的情境问题和教学过程，引导学生进行课前预习、例题分析、探究活动、作业安排和拓展训练，使绝大部分学生都能完成相应的学习任务。这种教学模式深入学生心中后，必将提高学生的参与度和兴趣度，从而增强课堂的关注力，提高自己的学习能力。

3. 为学生指明了学习目标和方法

导学案提出了学习目标和学习重点，重视学习方向和学习方法指引。课堂上充分运用小组合作和展示，使优秀生得到了锻炼和提高，让学困生树立了信心和希望。对于参与课堂讨论有困难的学生来说，课堂上的"兵教兵"可以起到"兵强兵"的效果。

4. 促进了学科教师的专业发展

教师是教学活动的实践者。导学课堂教学转变了教师的教学观念，理解了学生的学习需求和学习困难，倡导课堂上师生共同发展，有利于师生的课堂融合。在这种课堂模式下，教师的集体备课及编写导学案更多是考虑学生"学什么"和"如何学"，这对教学情境、教学设计、教学组织、课堂调控和教学语言等都提出了更高要求。课堂上学生活动多了，教师讲解少了，教师要重视课堂新情况、解决新问题，这对教师的发展提出了新挑战。每一位教师都应在实践中不断摸索前进，在前进中不断提升教学技能。

（二）反　思

1. 课前应科学编写导学案

导学案编写质量和利用效果决定课堂改革的成败。导学案运用是学校课堂改革的重要亮点，可以将学生的课堂学习链接到课堂之外，大大延伸了教学时间和空间的宽广度。所以，导学案应该很好地和课堂教学联系在一起，尤其是与学生的认知水平和能力发展联系在一起。不能把导学案编成学生预习的工具，或改装为学生的作业包，甚至改写成教案的翻版。备课组应加强交流和讨论，精心设计导学案，科学运用导学案，充分发挥导学案的作用。

2. 提高预习和点评效率

由于学习科目较多，学生预习时间分配不尽合理，有些科目课前预习难免被弱化。如果学生预习不得法，或缺乏预习指导，预习环节将难以得到保证。对此，有些教师干脆把预习环节挪到课堂上，随后进行讨论和展示。这样，预习和展示环节勉强做好了，但反馈环节和点评环节的时间不能有效保证。长期下去必然弱化知识的掌握和运用，不利于提高课堂效率，从而影响学生发展。

改革不可能尽善尽美，对于改革中存在的问题应加强反思，有缺憾就必须积极修补。

（吴宝燕）

三、案例 3：《咬文嚼字——消灭错别字》

（高二语文选修课《语言文字应用》第三课第四节）。

（1）学习目标

了解古今汉语中存在错别字的现象和原因；学习和掌握消灭错别字的方法。

（2）学习重点

了解存在错别字的原因，掌握消灭错别字的方法。

（3）学习难点

学会运用有效的方法改正自己的错别字。

（4）自学导引

一是结合教辅《创新方案》中的有关归纳，预习课本《语言文字应用》第三课第四节的内容，画出重要的知识点。

二是试完成课本"小试身手"栏目第一题至第三题练习，对于不能确定的错别字，自查词典，或者与小组内的同学合作讨论，确定答案。

三是将自己自学过程中不能理解或不能确定的内容作个记号（如打个问号），以便课上请教老师。

（5）课堂活动

一是探究错别字产生的原因，结合自己平时写作业、写作文等实际经历进行交流。

二是小组交流自己改正某个错别字的经验，总结方法。

三是小组派代表在全班展示本小组归纳出的改正错别字的方法，注意结合实例。

（6）典型例题

例1　下列词语中没有错字的一组是（　　）

A. 踌躇　沾污　见异思迁　　　B. 缀泣　秀颀　甘拜下风

C. 拮据　瞻仰　戛然而止　　　D. 祈祷　迁徒　自出新裁

解题思路：此题考查形近字的辨识。A项中的"沾"和"玷"为字形相近的形声字，它们的读音不同，意义也完全不同，可根据各自的形旁作比较辨析。

"沾"本意是"浸湿"，"玷"本意是指白玉上的斑点，所以应写为"玷污"；B项中"缀"和"啜"是字形相近的形声字，应写为"啜泣"；D项中的"徒"应写为"徙"，它们笔画接近，易发生混淆，必须要认真比较细微不同之处。因此本题答案为C。

例2　下列句子中都有错别字，请找出来并加以改正。

第一，三天的时间里，把栏目标志、片头改过来又改过去，这在央视的历史上是决无仅有的。

第二，音乐界、教育界一些知名人士大声急呼：让好儿歌尽快走向我们的少年儿童。

解题思路：此题考查在具体语句中辨析词语的正误。解答此题必须结合语句，揣摩词语的意思，最后根据词义、句意来断定字形。"第一"句中"决无仅有"的"决"应为"绝"；"第二"中"大声急呼"的"急"应为"疾"。这两处的错误都是因字的读音相

同而造成的。

例3 许多广告词借用了成语、熟语，取谐音换新义，朗朗上口，却给我们的学习带来了许多陷阱，识别下面广告词中的陷阱，并将其还原，写在后面的括号内。

如：空调机——完美无夏（瑕）

A. 沐浴器——随心所浴（　　）

B. 咳嗽药——咳不容缓（　　）

C. 洗衣机——爱不湿手（　　）

D. 蚊香——默默无蚊（　　）

解题思路：此题命题形式新颖，接近实际生活。既可以丰富字形考查的材料，又得以体现语文学科的工具性特征，培养学生实际运用语言的能力，是一种有效的考查形式。答好此题，必须明确成语的含义，据义定形。

本题答案为 A. 欲，B. 刻，C. 释，D. 闻。

（7）作业布置

完成教辅《创新方案》活页课时作业中本节的相关练习。

（8）提升拓展

练一练：

试改正以下广告中的错别字。

第一，饭店门口：抄饭（　　）

第二，零售店铺门口：另售（　　）

第三，家具店门口：家俱（　　）

第四，装潢店门口：装璜（　　）

第五，失物广告：失物启示（　　）

第六，网吧广告：一网情深（　　　）

第七，热水器广告：随心所浴（　　　）

第八，空调广告：终生无汗（　　　）

第九，修车店门口：补胎冲气（　　　）

第十，钢琴广告：琴有独钟、一见钟琴（　　　）

议一议：

对于诸如以上一些有意运用谐音的广告，有人认为很有创意，也有人认为只会起到误导作用，应该加以规范、限制，你是怎么看的呢？

做一做：

上完这堂课，也许你会更加关注自己日常生活中见到的错别字，例如在写作业时，在网络聊天时，在商场超市、在街头巷尾小店摊点的广告招牌上，请自己或者组成一个研究小组，用笔或相机将它们记录下来，做一个研究性学习课题。

（9）知识链接

易写错的四字常用词集锦：

再接再励（再接再厉）	自立更生（自力更生）
一切就序（一切就绪）	温文而雅（温文尔雅）
功亏一匮（功亏一篑）	冒然行动（贸然行动）
成群结对（成群结队）	一如继往（一如既往）
神彩飞扬（神采飞扬）	气势凶凶（气势汹汹）
妄自非薄（妄自菲薄）	飞皇腾达（飞黄腾达）
因才施教（因材施教）	关怀倍至（关怀备至）
和言悦色（和颜悦色）	变本加利（变本加厉）

仓慌失措（仓皇失措）　　仗义直言（仗义执言）

迫不急待（迫不及待）　　凭心而论（平心而论）

甘败下风（甘拜下风）　　兵慌马乱（兵荒马乱）

嘎然而止（戛然而止）　　风尘扑扑（风尘仆仆）

出奇不意（出其不意）　　吊以轻心（掉以轻心）

蜂涌而至（蜂拥而至）　　欢渡春节（欢度春节）

英雄气慨（英雄气概）　　观磨教学（观摩教学）

（谢益清）

四、案例4：在实践中收获，在改进中完善

我校实施导学课堂教学模式以来，一线老师不断在实践中反思，在反思中改进，在改进中成长。一个阶段以来，我们备课组坚持运用导学案引领教学，取得了一定的收获，但也发现了一些问题，应在今后的工作中加以改进和完善。

（1）实践总有收获，导学引领成功。导学案的使用和导学课堂模式的改革，使教师的教学观和课堂观发生了根本性的转变，展示了一幅幅新的面貌。

第一，理顺了教与学之间的关系。导学案的运用，重视了学生良好学习习惯的培养，鼓励学生主动预习，自主探究，独立完成作业。教师更多的是授予学习方法，引导学生归纳知识、解决问题，成为学生学习的引导者。学生课堂上自主学习、自主探究、自主演练，真正成为学习的主人。课前预习、活动探究、小组交流、展示

提高、达标训练、自我小测、教师点拨，理顺了教与学之间的关系。

第二，实现师生互动和生生互动。在使用导学案教学的过程中，我们做好了两个方面的工作：一是精心设计情境问题，启发学生积极思考。结合思想品德课实际，设计探索性、思想性和趣味性问题，实现了师生之间和生生之间的有效互动。二是重视师生交流，及时评价学生活动。课堂上，教师鼓励和点评，学生补充修正，我们看到了学生交流、协作的热情，也分享了学生成功的喜悦。

第三，学生体验了创新发现的快乐。在导学案设计上，我们注重活动创设，引导学生质疑，鼓励学生发现问题、解决问题，调动学生主动学习和创新学习的积极性。课堂上，我们通过讨论、交流、辩论、竞赛等多种活动形式，调动学生的学习热情和兴趣，进而培养他们的创新意识和创新能力，使学生体验到了成功的快乐。

第四，学生不断走向反思与总结。教与学都要反思，以实现教学相长。在导学案教学中，教师善于反思自身教学，也重视培养学生反思学习。在课堂上，我们欣慰地发现，大部分学生在回答问题后，能说出"我是这么想的……""发生这样的现象是由于……""做出这样的选择是因为……"等反思性思考，这说明学生正在走向主动、反思和总结学习。

（2）改进教师行为，完善导学课堂。总结经验的目的不是为了证明，而是为了改进。使用导学案在取得一定成效的同时，也存在一些值得改进的地方。

第一，教师应相信学生的学习潜能。教师要解放思想，相信学

生和调动学生，努力实现在"导"中"抛砖引玉"，在"导"中"授之以渔"。这样，课堂会因学生思维活跃而更加富有活力，从而彰显德育课程回归学生生活的"人文性"理念。

第二，课堂语言要生动、精准、通俗。教学语言干净利落，可以提高教学语言的表现力，避免挤占学生的学习时间，把更多话语权留给学生。教学语言的生动性和感召力，可以激发和调动学生进入兴奋的学习状态。

第三，做好课堂活动的组织与调控。导学课堂模式下的学生活动要重视分组的合理性。由于课堂活动时间有限，不可能保证所有学生都上台发言，大部分学生的互动是在小组交流中实现的。因此，教师应增强自身的课堂控制能力，重视骨干学生和小组长的作用，构建起全员参与、分级调控的课堂网络，真正提高课堂效率。

第四，重视教学形式与内容的统一。课堂教学形式的选用必须符合教学内容的需要，有形式无内容是无效的花架子，有内容无形式则容易使学生产生课堂倦怠。课堂讨论应根据学习内容的特点灵活进行，如果选择方式不当，可能出现形式"热闹"、内容"跑调"的现象。教学的手段和形式服务于目的和内容，才能更好地提高课堂的实效性。

实施导学课堂模式，有利于培养学生的学习能力，也有利于优化教师课堂艺术。改革不可能一蹴而就，也不可能一帆风顺，它如同攀登高峰，无限风光在险峰。

导学课堂教学模式贯彻"学生以学为主、教师以导为主"的教学理念，实用性和针对性强，起到传授学科学习方法，提升自主学习能力，启迪学生创造性思维的"导"与"学"作用。在实践过程

中，我们还需根据自身教育教学实际，寻找创新增长点，探索符合我校特点的改革发展之路。

（1）加强教师培训研讨，深化课堂教学改革。导学课堂对很多教师来说是新生事物，不少教师对此还存在一定的困惑。例如，如何把握教学进度，如何更合理地把握教师讲和学生学的时间分配等。随着课堂改革的不断深入，许多新问题也在不断涌现。因此，我们要更加重视校本教研，深化主题性研讨活动，分享好经验，解决新问题，制订新计划，以促进导学课堂教学模式改革循序渐进和深入开展。

（2）注意学科间的平衡，做好年级间的衔接。对于这一轮的课堂改革，除了教师要转变旧观念、适应教学新方式外，学生在学习心理和学习方式上也有一个磨合的过程。因此，各学科教师要注意依据导学课堂教学模式的一些理念要求，了解学生不适应的方面，关注学生的心理需要，特别要重视学科间的预习和作业平衡，引导学生适应新的学习方式。高中各年级之间也要做好衔接，不同年级要有所侧重。个人认为，高一阶段应该重点抓好学生预习环节和课堂活动的规范性，重视学生良好习惯的养成，赢在起始点和规范性；高二阶段要在巩固改革已有成果基础上更加注重学生分析问题和解决问题能力的培养；高三则要在高考总复习的平台上，找到课堂改革与高考目标的契合点。

（3）倡导"活导"促"活学"，激发教师大胆创新。对于新的教学模式，教师要善于掌握一般性的要求，根据自己的教学领会以"活导"促"活学"，创新导学思路和教学策略。在导学案的编写上，不同学科、不同课型应在大框架统一的基础上，发挥教师的聪

明才智，根据教学需要灵活设计，使导学案更加科学有效，使导学课堂更富有个性活力。笔者在《梭伦改革》一课用的导学案只有两张幻灯片，一张展示本课的学习目标，一张展示本课的学习方法及几个精心设计的问题。目标清晰，要求明确，重点突出，学生看了一目了然。这一尝试节省了预习和上课的时间，课堂效率高。以上只是个人的一些粗浅认识。只要我们群策群力，共同探讨，重视理论与实践的创新，一定可以走出一条富有我校特色的改革新路子。

学校实行导学课堂模式改革，取得了丰硕的改革成果，增强了教师深化改革的信心。相比之前一些传统的教学模式，导学课堂模式具有以下一些优势。

(1) 落实预习环节，提高课堂实效。导学课堂模式要求教师和学生转变传统观念，将预习作为正课，将自学作为正课。预习被提高到前所未有的地位，要求学生通过独立学习和合作学习建构初步的知识结构，解决自己能够解决的问题，发现并提出需要教师指导、分析和提升的问题。这样的预习使上课环节的教学实效有了坚实的基础，有了可靠的保障。

(2) 自学建构知识，教学弥补缺漏。"能让学生观察的要让学生观察；能让学生思考的要让学生思考；能让学生表现的要让学生表现；能让学生自己动手的要让学生自己动手；能让学生自己推导出结论的要让学生自己推导出结论"，这是新课程倡导的理念，也正是导学课堂模式的要求。学生通过课前自学建构知识，可以自行找出存在的疑惑点，教师通过课中与学生交流并反馈，可以解决问题并提升知识的增长点。导学教学为学生"学"找到了有效途径，教师的"教"则为学生的"学"弥补缺漏，助学生学得更为轻松。

（3）交流共享进步，展示提升信心。导学课堂模式提倡"先学后交"，"交"意在交流，体现了合作学习、交流学习、交叉学习的新型学习方式。学生在导学课堂模式下，不再是整齐划一地学，而是各有各的分工、各有各的学法。通过小组及班级的交流，通过互帮互助，学生分享了学习经验和学习心得，共同尝到了乐趣，一起提升了能力。课堂展示环节使学生能真正感受到"我参与，我快乐，我自信，我成长"，提升了学习信心，激发了学习兴趣，为今后的学习提供了动力，积蓄了后劲。

（4）变灌输为探究，变"教"学为"导"学。在导学课堂模式中，教师减少了知识性语言或对教材内容的重复陈述，把课堂真正还给学生，学生在参与中学习，在探究中发现，其乐无穷，其效明显。在这一新模式下，教师对学生预习有筹划、指导和了解，对学生展示有组织、精点和释难，对学生反馈有纠偏、整合和总结。教师重视了预习和反馈这两个环节，改变了以往侧重讲课环节的做法，做到"前有指导、中有引导、后有点评"。在这一新模式下，教师始终将学生放在最显眼的位置上，让学生展示最精彩的地方；教师始终将教学实效体现在学生的"学"上，而不是教师单方面的"教"上。教师的"导"最终的目的是让学生学会"学"。教师在探索，学生在成长。我们坚信，通过教师的不懈探索和追求，不断反思和改进，学校的课堂教学实效将不断得到提升。

五、案例5：从学生围坐学习看教师的主动适应

学校推行导学课堂模式的一大亮点是实行学生围坐学习。这一方式便于学生互相交流，开展合作学习。平时小组中不同层次学生可以实现互动，学生预习和听课没有弄懂的，可以借围坐方式与周围同学进一步探讨。但是，围坐上课形式也存在着一定的缺陷。学生相对而坐，难免出现一些无效的交流；教师只顾自个讲课，一些学生难免趁机开小差。这样，课堂效率必将受到影响。为了克服围坐方式的缺陷，教师应转变教学方式，科学驾驭课堂，主动接触学生，时刻关注学生，努力增强自己的适应性。

（1）课堂好好说。新的课堂教学模式，对教师的要求是更高了。教师课堂上要做到少讲、精讲，针对讲和重点讲，不讲无关的话题。同一个问题，如果教师讲得越多，学生听得越烦。

（2）口授而眼观。教师在引导学生讨论、展示时，在启发思考和点评活动时，应一边口授，一边观察学生的动向，强调学生做好听课笔记，防止学生围坐"开小会"，做与学习无关的事。

（3）耳听八面风。学生围坐讨论和围坐检测时，可能出现与课堂内容无关的异常声音。教师应时刻关注学生动向，耳听八面风，及时纠正不良行为，引导学生集中精力思考问题和练习检测。

（4）脚勤四处走。针对围坐方式可能出现的种种异常行为，教师不能一味站在讲台上授课，应经常在教室走道上、学生小组边巡察走动，以此发挥教师的主导作用。

（5）时"放"而时"收"。课堂上有时要"放"，让学生讨论和展示；有时要"收"，进行检测和作业。"放"有利于学生发现与合作，"收"有利于课堂检测和巩固。适时"放"而"收"可以转移学生的兴奋度，集中精力，换换口味，调控课堂。

围坐学习是课堂改革的需要。教师如果一味怀念过去的课堂模式，不愿迈出新的步伐，那只能停留在原点，不会有教学创新的动力。我们要不断摸索和改进教学方式，以积极的态度主动适应改革的步伐。

（汪昱芳）

六、案例 6：教师应如何重视"导"的功能

教学重在"学"，"教"应服从"学"。"能让学生观察的要让学生观察；能让学生思考的要让学生思考；能让学生表述的要让学生表述；能让学生自己动手的要让学生自己动手；能让学生自己推导出结论的要让学生自己推导出结论"，这是新课改倡导的理念。为践行这一理念，教师"教"应突出"导"，在"导"上下工夫。

教师的主导"功夫"主要体现在"预习环节的筹划、指导、铺垫""展示环节的组织、点评、释疑""反馈环节的纠偏、整合、总结"等方面，而不是"讲得是否精彩""讲得是否到位""讲得是否透彻""讲得是否明白"。教师是要讲课的，但怎样讲、讲多少，这需要我们不断地探索。教师应从以下几个方面重视"导"的功能：

先学后讲。这是关于教学顺序的总要求，授课一定要经过学生自主学习和探究，当学生经过学习和探究仍然不能解决某些问题、

理解某些内容时，教师才进行精讲和点拨。学生通过自学学会的往往记得更牢。

三讲三不讲。教师应在学生学习的基础上，重点讲易错点、易混点、易漏点。学生已经会了的不讲，学生通过自己学习能够学会的不讲。老师讲了学生怎么也学不会的不讲，充分利用有效时间完成教学目标。

及时矫正反馈。学生的提高需要自己的内省和反思，也需要教师的纠正和反馈。教师应该通过检测，及时了解学生的学习状况，将正确的信息及时反馈给学生，帮助学生更好地纠正不好的学习行为。

删除无效教学环节。无效教学环节会冲淡课堂教学的落实。教师在环节转换和串联语上花费的教学时间太多，甚至出现一些脱离教学目标和教学任务的多余教学环节，势必降低课堂效益。

导学课堂模式把课堂还给了学生，让他们展示自己最精彩的地方，培养了学生的学习能力，将使学生终生受益。

导学课堂教学重在引导学生真正地学会自主学习。为此，教师必须关注学生的兴趣点，结合本学科特点，针对学生实际，整合多种教学资源，切实导"活"课堂，导出成效。

（1）以现象激发兴趣，启发学生思考。学生接触的自然现象和生活现象很多，对自然和社会都充满好奇心。教师教学中可从学生已知、熟知、可知、易知的一些现象入手，充分利用学生的好奇心，引导学生联系现实生活，激发学生的学习兴趣，同时启发学生思考问题。例如，上物理时教师可以引导学生观察生活，列举出哪些物质能被磁铁所吸引，解释物体之间为什么会存在相互吸引的现

象。教师也可以引导学生留意家里的电路总开关和电路的布置情况，思考有关电路图的基本知识。这些现象都可以用于导学案的设计，将课堂教学延伸到自然和社会，既丰富了教学资源，也给学生提供了丰富的思维空间。

（2）以问题重组教材，深化教学目标。现行初中物理教材加入了许多新元素，但知识点深度稍显不够。这给了学生更多的思维空间，也为教师提供了灵活处理教材的余地。教材是"死"的，而教学应该是"活"的。在导学课堂模式中，教师要重组和优化教材，精心设计问题，使问题符合教学目标并体现一定的梯度。只有这样，教师的"导"才能真正发挥效能，学生的自主学习才不会形式化和肤浅化。

（3）以实验引导探究，增强动手能力。传统的物理课上，学生被动地听教师讲课，或是看教师做实验，学习效果不太理想。导学课堂为学生提供了更多实践和思考的平台，使学生能够利用小组合作，积极探究，设计实验，分析实验数据，从而自己总结出结果和规律。例如，笔者在"磁是什么"一节中设计了如下一个可操作性的小实验。如图 4-1 所示，两个吸在条形磁铁下的铁钉，哪个是正确的？并说明理由。

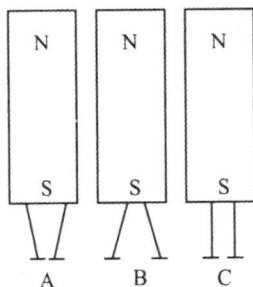

图 4-1　磁铁操作图

教师让学生上台实验，引导台下学生也认真思考，并进行一定的小组讨论。在这种氛围下，学生主动参与，乐于探究，勤于动手，大大增强了动手操作能力，也让课堂"活"了起来。

总之，导学课堂模式下，教师可以更广泛、更自由地挖掘和整合多种教学资源，为学生提供更多的学习渠道，促进学生学习发展。

（王　平）

七、案例 7：深刻领会教材，精心设计问题

"工欲善其事，必先利其器"。导学案是教师引导学生学习的工具，也是教师指导学生学习方法的策略。教师只有下工夫设计好导学案，才能有效引导学生课前自学、课中学习和课后巩固。导学案要有效引领学生学习，精心设计问题是一个极为重要的环节。

（1）深刻领会教材。导学案设计的问题必须建立在反复研究教材和深刻理解课程标准的基础上。只有反复研究教材的内容和结构，重视领会教材的基本思想，深刻理解课程标准的要求，才能突出学习重点和主干知识，引领学生有效学习。

（2）紧扣学习目标。学习目标具有导向功能、激励功能和调控功能。导学案设置的问题要紧扣学习目标，具有明确的学习指向。设置的问题要反映学生思维中的疑惑，符合思维实际需要，使问题成为实现学习目标的桥梁。

（3）注意问题形式。导学案的预习性问题设置最好以填空和选择为主，适当结合简单的问答题；课堂探究的问题设置以收敛性问

题和指向性问题为主，以开放性问题和辩证性问题为辅。所有问题的设置要重视基础性和递进性，强调针对性，真正让学生学习"有门可入"和"有路可走"。

（4）讲究问题质量。课堂需要探究，但探究的问题不宜过多，一般以2—3题为宜。课本上的探究例题不能忽视，因为它是紧扣教材设计的，具有针对性和代表性。如有可能可结合新近素材做补充性或典型性探究，但不宜过多过滥。过多的探究，时间不允许，反而成为"夹生饭"。课堂检测的问题设置在5道小题（填空或者选择，也可以有1道小型的问答题）左右，重在巩固知识，不宜搞重复训练。知识的延伸迁移最好布置学生在课后解决。

（5）重视人人收获。学生的学习水平是有差异的。大班额班级授课制下，学生认知水平、生活与学习经历、思维发展水平、参与程度等都存在个体差异。因此，设置的问题要让不同的学生从不同的层面和不同的深度去思考和探究，在个体已有基础上实现不同的收获与发展，体现目标的个体化。

"教学应当从问题开始"。而问题设置不合理，单调重复，内容宽泛，缺少针对性和递进性等，都会影响课堂教学的有序进行。

（李家萍）

八、案例8：教师编写导学案的几个注意点

导学案的使用是教学的一种手段，目的是变传统讲授式的"要我学"为学生积极参与式的"我要学"。导学案的使用，提高了学生上课的热情，增强了学生参与学习的主动性，学生主体作用也得

到了充分的体现。但是，如果导学案设计不科学，问题设置过多，课堂活动过于繁杂，会分散课堂的重点，学生课后还会茫然不解。为真正做到"导"好课堂、"导"活课堂，教师编写导学案应注意以下几个方面的问题。

（1）不能把导学案编写成教案

导学案的着眼点和侧重点在于如何调动学生的学习主动性，如何引导学生获取知识，提高能力。导学案的实质是教师用来帮助学生掌握教学内容、沟通学与教的桥梁，也是培养学生自主学习和建构知识能力的一种重要媒介。导学案编写应重点构思引导学生"如何学"的途径，不能编成教师"如何教"的教案。

（2）重视导学案编写的几个要素

第一，阅读导读。这是导学案的特色，它是用来引导学生阅读课本内容，或教师自行设计若干有针对性的材料，培养学生自学能力。

第二，知识导引。这是导学案的重点，初步目标是让学生学会独立地从课本上获得知识并进行分析综合、整理归纳，形成一个完整的知识体系。

第三，问题导究。这是导学案的亮点，它能起到"以问拓思，因问造势"的功效，帮助学生学会从材料中发现问题、分析问题和解决问题。

第四，练习导学。这是导学案的着力点，教师要设计一些有针对性的练习，让学生独立思考，以便学生巩固相关知识。

（3）注意导学案编写的几个细节

第一，目标内容应具体化、能达成。编写导学案应根据相关学习目标，通过问题导引细化重点知识要求、剖析难点内容。针对学生自学中易错、易混、易漏等内容，做出一定的标注，以便引起学生重视，实现目标达成。

第二，问题呈现应多样化、能完成。编写导学案可针对知识点要求，采用填空、选择和简单性问答等多种呈现形式，既能让学生实现准确判断，又能发挥学生的积极思维，使学生能完成一定的自学和探究。

第三，问题探究应简约化、有效果。教师设计的探究性问题一般以2—3个为宜，不能太多。所提的问题不能太大，否则探究起来时间过长，难度太大，难以达到预期的效果。

第四，课堂检测应有针对性、有梯度。运用导学案进行课堂检测要有针对性和典型性，题型要多样；题量要适中，以5分钟左右的题量为宜；练习要有梯度，难度适中，既面向全体，又关注差异。可设置选做题部分，促进优生成长。

总之，教师只有科学构思课堂"教"与"学"的关系，切实探讨行之有效的目标教学方式，才能实现导学课堂的积极成效。

（魏志文）

九、案例9：引导初中学生自学的几点做法

初中学生正处于心理和生理发展期，个性特征较为明显，不少学生生性好动，自制能力和自学能力相对较弱。实施导学案引导课堂教学重在引领自主学习，操作过程中应重视自学方面的问题。

（1）加强对学生自学能力的培养。古人说得好，善学者教师安

逸而功倍，不善学者教师辛苦而功半。长期以来，学生的学习基本上属于被动式学习，自己不会翻书，理解能力低，表达能力差，学习较吃力，教师辛苦、学生纠结。一个重要原因是，学生不会有目的地自学。自学能力是学生打开知识宝库的钥匙。学生自己会看书、思考和探究，自己能发现问题、分析问题和解决问题，学习效率才会显著提高。因此，实施导学课堂教学必须重视自学引导和自学能力的培养。

（2）重视预习环节并成为常态化。高尔基说："行为日久成习惯，习惯日久成性格，性格日久定命运。"良好的开端是成功的一半，学习能力的培养始于良好的学习习惯，有了良好的习惯才能有学习的动力和成功的基础。重视预习是实施导学课堂教学模式的基础和关键，如果这一环节没做好，课堂讨论、展示、小测等都难以如愿落实。因此，教师应当引导学生做好这一环节并使之常态化。

（3）明确自学问题并要求提出问题。"凡事预则立，不预则废。"学生课前有自学，听课才会轻松，课堂才会主动，效率才会提高。为此，教师课前要通过导学案发挥"导"的作用，向学生交代自学的几个要求。如，下节课要学习的内容；有关学习内容属于了解、理解、掌握中的哪一类？预习和预测中还有哪些方面不清楚、不理解？学生心中有数，教师点拨到位，目标才有望达成。

（4）做好学困生的自学帮扶工作。"一个船队，决定它速度快慢的不是那个航行最快的船只，而是那个最慢的船只。"学困生的自学问题和自学效率往往直接影响课堂的正常运作。针对学困生学习自控能力差，缺乏意志和信心等问题，教师应有极大的耐心、诚心和热情去融化他们心里的坚冰，经常性帮助、引导、点拨和检查他们的自学情况，表扬他们的自学成果和自主发现，激发他们的学习积极性。

此外，教师要重视导学案使用前的检查，跟踪学生自学方面的落实情况。可通过考试加分和综合评价等方式，鼓励认真自学的学生和学习小组，激发学生的自学积极性。

（陈团义）

第五章 创造型课堂教学模式的发展研究

第一节 创造型课堂教学模式的理论基础

一、创新主体

（一）创新不是特权

什么是创新主体？所谓创新主体就是能够根据社会的需要进行创造或创新实践活动，创造出新事物、新知识、新理论的人或群体。创新主体应当是素质全面发展的人。

创造学理论告诉我们：人类社会的每一个人都有创造的潜能，都可能成为创新的主体。但是，可能性并不等于现实性。每个人能否成为创新的主体，关键在于教育。1996 年国际教育委员会关于

21世纪的教育报告《教育：财富蕴藏其中》指出："教育的任务是毫无例外地使所有人的创造才能和创造潜能都能结出丰硕的果实。""这一目标比其他所有的目标都重要。"这一报告强调指出，受教育者是人类中的"所有人"，即"所有人"都具有创造才能和创造潜能。教育的根本任务就是要使"所有人"的创造才能和创造潜能都开发出来并使之茁壮成长、发展，结出丰硕的果实。

但是，在漫长的人类历史长河中，在相当长的一段历史时期，错误的人才观却埋没了人们的这种固有的创造才能和潜能。神学家们认为，创造主体只能是神，神是创世主，世间的一切都是神创造的。基督教不是宣称上帝创造了一切吗？许多唯心主义的理论家认为，创造是"天才""圣哲""科学巨人""专家学者"等极少数富有天赋的人的专利，一般普通人无法问津。英国著名心理学家高尔顿就是这种观点的典型代表。他认为创造力是一种由遗传决定的天赋，是与生俱来的。这些错误的理论和观念严重地抑制了个体创造的自信心，窒息了个体的创新能力，泯灭了个体的创造性。一般人都把创造权拱手让给了别人。如果一个民族、一个国家的个体都是这样，那么这个民族或国家的群体的创造精神和创造能力都会被窒息和泯灭，那这个民族或国家怎么能繁荣昌盛呢？人民怎么能走上富裕幸福之路呢？直到1950年美国著名心理学家吉尔伏特公开发表题为"创造力"的著名演讲，才阐明了人人都能创造的理论。

其实，创造性是人类固有本质的理论早已为马克思主义所论述。马克思在论述人与动物的根本区别时强调指出："动物和它的生命活动是直接同一的。""通过实践创造对象世界，即改造无机

界，证明了人是有意识的类存在物。"① 人正因为有了意识，其活动才超越了动物的生命本能，而由意识主宰、指导。这样，人类的实践活动就具有了自由自觉性，具有了能动创造性；同时，人类还超越本身肉体的需要而具有了精神生活的需要。这样，人类就更远离了动物。人类实践活动的自觉性表现在人类活动的目的性：人类的活动不仅仅为了活命，还为了发展和提高自己，还为了追求丰富的精神生活的需要，还为了超越个体的需要而实现自身的价值——为社会为人类的发展而做出自己的贡献。人类实践活动的自由性表现在，人类把自己的活动自觉地建立在客观世界规律的基础上。不遵循客观规律办事，人的目的就不可能实现。所以，人类既要能动地认识世界，也要能动地改造世界，使世界很好地满足人类发展的需要。这样，人类的一切活动就必然具有了一定的创造性。马克思说："动物只是按照所属的那个物种的尺度和需要来进行塑造，而人则懂得按照任何物种的尺度来进行生产，并且随时随地都能用内在固有的尺度来衡量对象，所以，人也按照美的规律来塑造。"② 人的活动的合目的性和合规律性的统一，使得人的一切活动具有了创造性和审美性。因为一切自由的创造活动，都是人的本质力量的对象化，都具有审美性的特征。马克思主义产生之前的德国著名美学家黑格尔曾说："人有一种冲动，要在直接呈现于他面前的外事物之中实现他自己，而且就在这实践过程中认识他自己。人通过外在事物来达到这个目的，在这些外在事物上面刻下他自己内心生活的

---

① 杨炳.马克思恩格斯论文艺和美学［M］.北京：文化艺术出版社，1982.

② 马克思.1844年经济学—哲学手稿［M］.北京：人民出版社，1979.

烙印，而且发现他自己的性格在这些外在事物中复现了。"① 马克思运用辩证唯物主义的方法，改造了黑格尔的哲学，吸收了其中一些合理的因素。马克思认为，人确有一种寻求本质力量外化的需要："劳动的对象是人的类生活的对象化：人不仅像在意识中那样理智地复现自己，而且能动地现实地复现自己，从而在他所创造的世界中直观自身"。人类在实践过程中，不断地使自然人化，自然也成了人的意识活动的产物，成为人的本质力量的对象化。在这种对象化的过程中，人不仅人化了自然物，而且体验到一种精神上的愉悦。人类为了更好地体验这种精神愉悦，便进行审美创造。这样，人类在创造领域便取得了更大的自由。这样看来，人类为了满足生存发展的需要，为了满足精神的种种需要，进行着各种各样的创造活动。所以，创造性是人的固有本质。

（二）马克思主义关于人的全面发展的理论

德国美学家席勒在《美育书简》中认为，古希腊人有完美的人性。他说："希腊人的本性把艺术的一切魅力和智慧的全部尊严计划结合在一起，不像我们的本性成了文化的牺牲品。""他们既有丰富的形式，又有丰富的内容；既能从事哲学思考，又能创作艺术；既温柔又充满力量。在他们的身上，我们看到了想象的青年性和理性的成年性结合成的一种完美的人性。"他深感近代工业社会的社会分工和生活的世俗化造成的感性和理性、现实与理想、诗意与庸俗的尖锐对立，造成人性的异化、理性对感性的压抑。因而他提倡

---

① 黑格尔．美学［M］．北京：商务印书馆，1979.

美育，力求改变人类的这种不合理的生存状态，实现人的自由与和谐发展。席勒对人的生存状态的认识是深刻的，但是他的设想是无法实现的，因为人生活在现实社会中，首先受社会的经济、政治的制约，单靠教育是不能改变人的本性的。

尼采是继叔本华之后，开启非理性主义的著名哲学家。他树起了反理性主义的大旗，对理性主义作了全面批判。他认为理性主义有四大谬误：第一，割裂了世界的同一性，妄图脱离现实重建一个新世界；第二，对因果规律的偏执，把人视为被逻辑支配的动物；第三，对绝对主义的迷信。理性以绝对性的力量限定了人的地位；第四，理性提倡的科学限制了人的发展。在尼采看来，理性主义把人的注意力集中于外部世界，把人类生存的意义归结为运用逻辑工具认识和从事外在的物质活动，忽视了人的内心世界。科学使人格机械化，限制了人格的发展，压制了生命本能的创造性。正是理性的科学使人们对物质感到不再满足，无休止地追逐物欲的满足，使人变得心灵空虚、精神萎靡，必然演变为放纵和狂荡。正是因为如此，尼采把艺术看得比科学还重要，把艺术看成人的精神的兴奋剂。尼采看到了资本主义世界的严重问题，但他无法拯救世界。

在资本主义制度下，金钱成了统治和左右人们的强大力量，使人的感觉、激情等等都会产生不正常的变化，以至于以伪为真，以恶为善，以丑为美。这是资本主义社会的痼疾，它自身是无法解决的。

马克思指出，只有在共产主义社会，完全由分工造成的艺术家屈从于地方局限性和民族局限性的现象无论如何会消失掉；个人局限于某一艺术领域，仅仅当一个画家、雕刻家等等，因而只用他的活动的一种称呼就足以标明他的职业发展的局限性和他对分工的依赖这一现象，也会消失掉。在共产主义社会里，没有单纯的画家，只有把绘画作为自己多种活动中的一项活动的人。马克思认为，人的全面发展包括两方面的涵义：一方面是人的体力和智力获得"充分的自由的发展和运用"；另一方面是人的道德精神和美的情趣的高度发展。这两方面是相互联系，有机地统一在人的全面发展上，"人以一种全面的方式，也就是说，作为一个完整的人，占有自己的全面的本质"。

恩格斯指出，在共产主义社会，通过教育可以造就各方面有能力的一种全新的人。他说："教育就会使他们摆脱现代这种分工为每个人造成的片面性。这样一来，根据共产主义原则组织起来的社会，将使自己的成员能够全面地发挥他们各方面的才能，而同时各个不同的阶级也就必然消失。"马克思恩格斯关于人的全面发展的理论，是我们进行创新教育，进行创新型课堂教育的指导思想。

（三）人的全面发展的科学内涵

1957 年毛泽东在《关于正确处理人民内部矛盾的问题》中指出："我们的教育方针，应该使受教育者在德育、智育、体育几方面都得到发展，成为有社会主义觉悟的有文化的劳动者。"邓小平提出"教育要面向现代化，面向世界，面向未来"；教育要培养"有理想、有道德、有文化、有纪律"的社会主义接班人的理论。中国三代领导人进行的论述，丰富和发展了马克思主义关于人的全

面发展的理论。①

人的素质应包括：第一，品德情操方面的素质，包括思想政治道德、人生理想、事业精神、创新精神、个性心理特征等；第二，智能方面的素质，包括合理的知识结构：以专业知识为基础的自然知识、社会知识和思维知识形成的知识体系；合理的智力结构：以思维力为核心的观察力、注意力、想象力、记忆力形成的智力体系；合理的能力结构：以自学能力、获取信息能力、表达能力、交流能力、竞争应变能力、组织管理能力、独立思考能力、批判性思考能力、调控能力、自主创新能力、理论思维能力、实践能力等构成的能力体系；第三，体质：具有健康的体魄和旺盛的精力；第四，审美素质：爱美、审美、创美的修养和能力；第五，劳动素质：包括劳动的力量和技能的总和。素质教育及其创造型课堂教学所追求的目标，就是要使学生的素质得到全面的发展。联合国教科文组织的报告《学会关心：21世纪教育》明确指出：21世纪最成功的劳动者是全面发展的人，是对新思想和新的机遇开放的人。国际21世纪教育委员会将全面发展的人概括为四个方面：第一，会认知的人；第二，会做事的人；第三，会共同生活的人；第四，会生存的人。这是从人类生存的角度对人的全面发展进行的新的概括。

其实，有重大发明创造的科学家、理论家，他们都是全面发展的人。例如，被认为改变人类宇宙观的科学巨人爱因斯坦就是这样。他牙牙学语时显得非常迟钝，脑袋形状奇特，母亲担心他智力

---

① 健伯. 创新哲学论 [M]. 北京：人民出版社，2006.

上有缺陷。母亲是一个钢琴家，他也喜爱音乐；父亲和叔父对数学十分感兴趣，培育并激励爱因斯坦的数学才能和探索精神。这样，爱因斯坦在文静的外表下隐藏着丰富的想象力和探索精神。7岁时成绩非常出色，10岁时开始钻研数学，12岁时不再相信上帝，而对大自然怀有敬仰之心，从不放弃研究。中学毕业时，成绩相当出色。他在一篇随笔《我未来的计划》中解释了自己为什么选择从事科学，去研究数学和物理学，设想将来成为一名自然科学的教师：最主要的是自己在抽象思维和数学方面所具有的素质。一个人总是喜欢做他最为擅长的事情。以科研为职业所包含的一定的独立性也令他很感兴趣。他在理工大学学习了四年，他很勤奋地学习、阅读、思考，并花大量时间去独立做试验。他和一些同学建立了密切的友谊，和他们一起讨论数学问题，参加音乐会、泡咖啡馆。他只学那些感兴趣的内容；但是，教授们认为，他感兴趣的科学领域过于高深，或者概念太新。朋友们却特别理解他那种独立而果断的气概。他刚开始工作时就被认为是最受人尊敬的专家，后来成了世界最伟大的科学家。由此看来，爱因斯坦个性独特，素质全面发展，才使他成了伟大的科学家。

二、人人富有创造潜能

创造理论认为，创造是人类的本质，人人都能创造。每一个青少年都蕴含着创造潜能。创新型教育就是要善于发掘学生的创造潜能，着力培养和发展学生的创造实践能力。我们应当努力实践这种创新型教育，要构建有利于创新型教育开展的学校环境，要培养创

新型的教师队伍，要培养学生创新性学习的习惯，要把教育的着力点放在培养学生的创新思维能力和创新性实践能力方面，要让学生的个性得到完美的发展。

我国近代著名的教育家陶行知在《创造宣言》中批评了"环境太平凡，不能创造""年纪太小，不能创造"等论调，明确宣告"处处是创造之地，天天是创造之时，人人是创造之人"。他强调说："死人才无意于创造。只要有一滴汗，一滴血，一滴热情，便是创造之神所爱住的行宫，就能开创造之花，结创造之果，繁殖创造之森林。"[①] 他是我国创造型教育的先行者，在 20 世纪 30 年代，我国现代教育还处于草创时期，他的这些言论铿锵有力，具有振聋发聩的作用。这实质上奠定了创新型教育的理论基础。

（一）创造是人类的本质

马克思在论述人与动物的根本区别时强调指出："人是有意识的类存在物。""动物只生产它自己或它的幼仔所直接需要的东西，动物的生产是片面的，而人的生产是全面的。""动物只是按照它所属的那个种的尺度和需要来建造，而人却懂得按照任何一个种的尺度来进行生产，并且懂得怎样处处都把内在的尺度运用到对象上去，因此，人也按照美的规律来建造。"这里所谓物种的尺度，指的是大自然各种物种的本质和规律。动物属于大自然的一个物种，它只能按照自己那个物种的生命本能需要来建造，用以维护自己生命的存在和它的幼仔的需要；人则根本不同：人因为有意识活动，

---

① 董远塞. 中国教学论史［M］. 北京：人民教育出版社，1998.

特别是意识中的情感、想象、意志、理性等心理活动富有能动性，所以，人不仅能反映事物，而且能够能动地认识事物的本质与规律。所谓人的内在尺度，是指人的内在的需要及其目的。人的需要及其目的就表现出人的本质。人能根据自己的需要及其目的来改造自然界，使之满足人的需要，实现人的目的。这种实践就是创造性实践，就是一种自由的劳动。马克思说："自由是在于根据对自然界的必然性的认识来支配我们自己和外部自然界。"这样，人在劳动中就把合规律性与合目的性有机地统一起来了，这是一种自由的创造性的劳动。这就是人的本质，是人不同于动物的根本特点。

人的意识根本不同于动物的意识。动物的意识活动具有鲜明的自然性和本能性特征，只是适应动物肉体生命需要的一种协调机制；人的意识则具有广泛的能动功能：人类意识中有情感、想象等因素；动物只有感应性的情绪。马克思认为："激情、热情是人追求自己的对象化的本质力量。"想象更是一个富有创造性的心理因素。人类在对象化的实践过程中，不断地在人化的自然物和产品中直观到自身的本质力量，这样人的自我意识不断觉醒和发展，人就能把自己内在的需要变为自觉的愿望、目的、理想和追求，并通过意志进行实践，以求实现自己的愿望和目的，使外在物很好地为人类的需要服务，这就形成了人类实践的创造性品格。人类的理性，更是人类创造的宝库。理性愈发展，人类认识、改造自然的能力就更强，于是科学技术发展突飞猛进，创造发明有如泉涌，人类的创造能力爆炸式地涌现出来。由于人类能够创造文化，文化反过来深刻地影响人类心理机能的发展、智力水平的提高，这也推动着人类创造力的发展。由此可见，创造是人类特有的本质，人人富有创造

潜能这是由人类的本质决定的。

（二）人人都蕴藏着创造潜能

人人都蕴藏着创造潜能，这是人类的本质所决定的。陶行知说："儿童的创造力是千千万万祖先，至少经过 50 万年与环境适应斗争所获得而遗传下来的才能之精华。发挥或阻碍，加强或削弱，培养或摧残这创造力的是环境。教育是要在儿童自身的基础上，过滤并运用环境的影响，以培养加强发挥这创造力，使他长得更有力量，以贡献于民族与人类。"

创造源于好奇，好奇是创造发明、科学进步的巨大动力。好奇容易发现并提出问题，有问题就萌发了探索的欲望。牛顿夏日乘凉，熟透的苹果落下来，砸到他身上，他突发奇想：苹果熟了，怎么往地上落，不向天上飞呢？由此引发了他的好奇心，从此他潜心研究，终于发现了万有引力定律。瓦特小时候看见壁炉上的水开了，热气冲得壶盖咔咔乱响，引起了他的好奇心，引发了他的研究兴趣，使他最终改进了蒸汽机，导致了第二次工业革命。三四岁的孩子一天到晚就不断地问问题：这是什么，那是什么。到五六岁时问题涉及的领域就更宽了：天上的星星为什么会眨眼？为什么会刮风？太阳离我们有多远？挂在天上的月亮为什么不掉下来？……很显然这是小科学家能够想到的，他们好像在不断努力研究着大自然的奥秘和新奇。据科学家表明，幼儿在创造性这方面是具有天赋的。幼儿天生的好奇心是创造力形成和发展的两个最重要的体现。

青年是创造力发展的关键时期。青年时期的创造性的发展具有如下特点。

（1）处于创造心理觉醒时期，对创造充满渴望和憧憬。

（2）有初生牛犊不怕虎的精神。受传统习惯束缚较少，敢想敢做，不会被权威、名人吓倒。

（3）创新意识强，思维活跃，灵感丰富，富有创造性。

（4）在创造中崭露头角，孕育着更大的创造性。

成年人是一个人创造力的收获季节。1935年，据罗斯曼对701位发明家的研究发现，发明家的最佳创造年龄是25—29岁，完成最重大的发明的平均年龄为38.9岁。据丹尼斯研究100位寿命在70—79岁和56位80—89岁的科学家发表科研论文的数量的情况看，对科学家而言，创造力在中年期达到高峰，40—60岁之间保持相对稳定，60—70岁呈相对下降趋势；但是，60—70岁期间的创造力仍高于20—30岁期间（艺术家除外）。爱因斯坦曾说，如果30岁前还没有在科学上做出重大贡献，就再也不行了。而在另一项研究中，研究人员之一、美国俄亥俄州立大学劳动经济学家布鲁斯·温伯格说，随着时间的推移，科学家做出重大贡献的年龄正在推后。如今，物理学家做出令他们获得诺贝尔奖的成就的平均年龄是48岁。30岁以下的物理学家能取得突破的非常少。年龄推后的原因，也许部分在于如今的科学家在学到取得突破所需的所有知识方面所需的时间；也许还在于获奖的突破性成就的性质。

第二节　创造型课堂教学模式的实践探索

为了培养和造就适应现代社会发展所需要的创造性人才，必须

进一步深化教育改革。课堂教学模式和方法的改革，是其中一项十分重要的内容。

一、传统课堂教学模式的弊端

传统的灌注式教学的弊端和危害是严重的，这已成为教育界同仁的共识。灌注式教学的危害主要体现在：它重视知识的传授而轻视创造性精神和素质的培养，这样只能培养书呆子式的人才，创造性的能力差，适应社会的能力差，参与社会实践的能力也差。灌注式教学只重视教师主体性的发挥，把学生看成消极被动地盛知识的容器。在学习活动中，学生的主体性不能充分发挥，教学活动怎样才能收到良好的效果呢？灌注式教学把教师装扮成全智全能的圣人形象，通过长期的教学，容易形成学生的权威观念和服从意识，这样就只能培养绵羊式的人才，不能从根本上培养学生的批判精神和质疑态度。这样创造精神怎能树立？创造能力怎能培养？这种教学只能导致学生对知识采取保守封闭的态度，难以使学生学到获取现代知识的途径和手段。在知识日新月异、突飞猛进的现代社会，如果不注重培养学生的智力结构和创造性思维能力，不注重培养学生的创新精神，不树立开发发展的知识观，就会根本不适应现代社会的需要。这种教学模式根本就不能培养高素质的创造性人才，也无法适应我国大规模的四个现代化建设的需要，更不能适应世界科学技术突飞猛进的知识经济时代的需要。

灌注式教学模式的危害在理性上早已为人们所认识，然而在日常的教学中仍然普遍存在着这种教学方式。这一方面由于传统教学观念根深蒂固，一时难以破除，旧的教学模式操作起来也简单方便；另一方面因为新的教学模式还在实验创立的过程中，需要在探索中前进，这当然需要付出艰辛。教学管理部门关于教学质量评估的科学体系也还没有真正建立起来。因此，创建创造型课堂教学模式还未成为教师教学实践中的迫切需求。但是，我们应当清醒地认识到，旧的教学模式改革势在必行，我们应当高度重视。

根据世界科学技术的发展和知识经济时代发展的需要，根据我国经济发展赶超世界先进水平和开展大规模社会主义四个现代化建设的需要，必须加快创造性人才的培养的力度。美国重视创造性人才的培养始于20世纪50年代。原因是当时苏联卫星上天，使美国意识到其科技军事优势受到威胁，应当急起直追，以迅速改变美国的科技状态。其途径就是大力开展对创造性问题的研究，努力培养创造性人才。日本20世纪80年代初提出要重视创造性问题的研究，并把从小培养学生的创造性作为日本的教育国策而确定下来。[①] 英国是创造性研究的发源地，近20年来对创造性的研究十分重视，并深入探讨了创造力与智力、个性的关系等问题。根据世界发展的趋势，我国已经高度重视创造性人才的培养。但是我国创造型教育尚处于起步阶段，与发达国家的创造教育相比，起点还比较低，到目前为止，我国还尚未建构出完整的创新教育体系。坚持并加速创造教育体系的研究和探索势在必行。课堂教学模式必须改革。

---

① 赵承福．陈泽河．创造教育研究新进展［M］．济南：山东人民出版社．2002.

二、课堂教学模式改革的目标

教育教学改革的根本目标就是培养和造就高素质的创造性人才。江泽民曾经指出，人类已经进入信息时代，知识经济已初见端倪。知识经济的基本性就是知识不断创新，高新技术产业化。加速知识创新，加快高新技术产业化，关键在人才，必须有一批又一批的优秀人才脱颖而出。这就是国际教育和学术界关注创造性人才研究和培养的根本缘由。课堂教学是培养人才的基本而重要的途径。课堂教学模式改革的目标就是要为培养高素质的创造性人才服务。通过创造型课堂教学模式的教学，使学生获得科学的智力结构、综合性的能力结构、人文素质结构并且具有创新意识、创新思维、创新能力、创新人格、创新行为等创新素质及其结构，让学生真正成为具有很强创新实践能力的人才。

人类选择某种教育类型与社会生产力状况和人类知识积累程度以及教育自身发展的状况密切相关。纵观几千年来世界教育的发展，教学方式经历了知识型教育和智能型教育阶段，现已步入创造型教育阶段。知识型教育是以传授知识为根本教育。它是建立在生产力低下，人类知识极为贫乏的现实基础上。在此阶段，知识的价值是至高无上的。今天仍然流行的知识就是力量的名言，就是这种知识价值观的体现。智能型教育产生于 20 世纪 50 年代，美国的布鲁纳的结构性教学、苏联赞可夫的发展性教学、德国的根舍因的范例性教学等都是智能型教育的典型代表。这是人类生产力高度发展，知识爆炸时代的产物。教育家们设想，一个理想的人，应当是一个能驾驭智能之舟，能在浩瀚的知识海洋中自由驰骋的人。这种教育从以知识为重心，转移到以开发智力、培养能力为重心方面来。它的弊端仍然是在于以牺牲人的个性和素质的全面发展来换取知识和能力的获得。

创造型教育是孕育于智能教育的母体中却又超越其母体的一种新的独立的教育形式。这种教育模式能在更大程度上揭示人的本质，克服知识教育和智能教育的误区，代表着历史发展的趋势。[①] 20世纪认知科学认为，认识主体的创造性越来越突出，创造性思维已经成为人类的根本思维形式。教育必须揭示出这种思维形式的本质，培养人们创造性思维能力。

创新是一个民族的灵魂，是国家兴旺发达的不竭动力。教育在培养民族创新精神和培养创造性人才方面肩负着特殊的历史使命。目前中国创造性人才十分缺乏，培养和造就高素质的创造性人才是高校面临的迫切任务。中国传统思维方式注重求同性思维而忽视求异性思维，在人才培养中往往注重共性而忽视个性；这种思维方式体现在教学中就是灌注式的教学模式，多演绎和循序渐进，而少归纳式和浸透跳跃，重逻辑而少直觉。其结果是重知识积累和吸收，却严重忽视了人的创造意识的发展和创造潜能的发掘。我国教育的这种落后状况严重阻碍了创造性人才的培养。抛弃灌注式的教学模式，确立创造型教育的体制，使教学为培养高素质的创造性人才服务，这是当前教学改革的迫切任务。

---

① 燕良轼.创新素质教育论［M］.广州：广东教育出版社，2002.

三、创造型教学模式的构建

（一）构建创造型教学模式的原则

我们认为，在进行创造型教学实践中，应当注意贯彻如下一些原则。

（1）学生主体性原则。教学活动是通过教师的"教"使学生积极地"学"的创造性实践活动，学生理所当然地是这种活动的主体。主体是认知活动和实践活动的承担者。学生的学习和实践的积极性是学生学习和实践活动成功的保障。学生只有主动积极地投入学习和实践活动，才能使整个教学活动卓有成效。因此，尊重学生的主体地位，充分调动学生学习的主动积极性，这是搞好创造型教学的根本前提。

（2）创设民主和谐的课堂气氛。在教学中，师生要平等对话，互相尊重，互相启发创造出自由、民主、宽松、和谐的氛围，使学生保持良好的心境和愉悦的情绪，这是搞好创造型教学的重要保证。教师不应当是至高无上的，也不应是评判是非的无情法官，而应当是学生的伙伴、朋友或导游，能够与学生融洽和谐，互相探讨和研究。只有打破权威，才会有自由的思索和想象；只有尊重和理解，学生创造的潜能才能充分发挥出来。

（3）着重培养创造精神和创造性思维能力。应当减少以既定知识的复制和掌握为本位的认同性教学。认同性教学的核心旨在感知记忆知识的水平上，其教学模式必然是填鸭式的教，接受式的学；

创造型教学不止于学生对知识的掌握，而是要求学生在掌握人类认识成果的基础上，着重于培养学生的开拓创新精神，将学生的学习由感知记忆水平提高到想象思维的高度，发展学生的创造性思维能力和实践能力。心理学揭示出有利于学生创造力发展的因素是：思维活跃、联想丰富、有强烈的好奇心、求知欲强、不迷信权威、有独立性、处事果断等等。创造型课堂教学应当尊重和发展学生的个性和创造精神，有利于创造性心理因素的培养和发展。

（4）强调知识获取的过程，重视知识本身。在创造型教学中，教师要善于运用教学策略，创设相应情景，借以启发学生的思维，激发学生的心理潜能。有研究者对历史上一些杰出的创造人物如何从事创造进行过考察，总结了他们进行创造的四个步骤：第一，准备。创造者通过长期的积累，认识了问题的性质和特点，并试图用一些术语进行界定，由此引起多方面的联想。这是一个信息的搜集和受其刺激的长期累积过程。第二，孕育。这个阶段是酝酿裂变的时期，其问题的性质和持续的时间变化很大，可能是几分钟，也可能是几年十几年。表面上看，创造者好像没有做什么有意识的工作，但是尔后在对问题重新给以注意时，却很快解决了问题。第三，明朗。受到某一事物的触发，产生了灵感，豁然开朗，顿悟并发现了解决问题的办法。发明创造的美景突然呈现于眼前。第四，验证。解决问题的办法必须详细具体地叙述出来，并加以验证。如果实践证明是正确的，就成功了，问题就解决了；如果经检验，证明没有成功，则得从头再来，直到成功为止。问题解决的过程，也就是创造发明，进行创造性思维的过程。创造型教学的关键在于善于设置情境，提出问题，解决问题。在解决问题的过程中，培养发展学生创造性的思维能力和实践能力。

（5）充分发挥教师主体的积极性。教师是创造型教学的设计者和引导者，也是教学过程的参与者与示范者，没有高素质的具有创造意识的教师是不可能获得创造型教学的满意效果的。优秀的创造型教学的教师还需要有多方面的知识和能力，比如，教师的知识结构是教师创新素质的能源系统，教师的能力结构是教师创新素质的操作系统，教师的创新人格是教师创新素质的保障系统，教师的创新观念是教师创新实践的指导思想。教师只有树立创造的理念，通过创造的素质和能力，才能搞好创造型教学。

（二）创造型教学模式在学生主体方面的要求

教师应当根据课程的性质、教学的内容，根据学生的知识水平和个性特点等等现实基础创构出种种不同的课堂教学模式。在学生主体方面应当提出这样一些要求。

（1）树立批判性的学习态度。学生要用发展创造的观点对待知识，在学习中要破除权威和绝对真理之类的观念，对人类长期积累起来的知识就像马克思那样，采取批判继承的态度。教师要鼓励学生解放思想，破除对于古人和名人的迷信观念，坚信青出于蓝而胜于蓝，这是历史发展的规律；也要破除对洋人的迷信，激励学生赶超世界先进水平；还要破除对于书本知识的迷信，要既重视读书又要重视向社会学习，向实践学习，超越书本，坚持理论与实践相结合，在实践中发展真理。

（2）进行探索性的学习。带着问题去学习、去观察、去实践，以求得对于问题的解决。要使学生产生对问题的困惑和力求解决问题的强烈愿望，这是教学创造型教学的重要前提。学生对知识不仅要知其然，更要知其所以然，要有打破砂锅问到底的精神；不仅应当认知知识，更应当了解知识的发展过程及其运用的前景。美国学者帕尼斯提出的以培养创造性解决问题的能力为目标的教学模式有重要的参考价值。该模式强调学生尽可能想出多种多样的方法去解决问题，其具体操作包括五个步骤：第一，发现资料。从许多的事际中找出已知者和关系者，把相关的信息资料都聚集到一起。第二，发现问题。细心主动地观察，研究情景中存在的事实，并在事实和材料中找出存在的问题；同时仔细思考这些问题，从这些问题中找出问题的根源。第三，发现构思。出现很多想法和可能解决问题的办法；对于各种想法和办法没有价值性的评论，多者获胜；并对这些想法和办法进行归纳总结。第四，寻找解决方法。对最后选取的办法进行详细评判，把每一个不同的办法按优劣的顺序进行排列并提出理由；同时分析和判断所选用的办法具有的可行性和效力；再把确定好的办法精致化。第五，寻求接受。在办法精致化以后思考听众可能接受这一计划的意见和想法；征求所有群众意见，寻求接受计划。[①] 如果学生这样去学习，那就不是死板地去记忆背诵那些现成的知识结论，而是运用探索性的方法去学习。这时，学生各方面的创造素质就能得到培养和提高。

（3）保持活跃的心理状态和思维状态。灌注式的教学使学生处于一种消极被动的接受状态，引不起学生的兴趣和激情，使思维僵化停滞，这怎么能培养创造性思维？创造型教学是在民主和谐的氛

---

① 陈龙安. 创造性思维与教学［M］. 北京：中国轻工业出版社，1999.

围中进行的，教师鼓励各种不同意见和观点的争论，鼓励创造性的见解，因此，学生总是处于积极的思维状态，各种心理机能，如感知、想象、情感、注意乃至于某些潜意识都会处于十分活跃的状态。这一过程正是培养创造意识、创造思维能力的温床，使学生的创造意识、创造性思维能力得到发展。同时，在心理开放，积极思考过程中获得的知识将会刻骨铭心，终身受用。

（4）增强个性意识。创造性人才具有鲜明独特的个性特质。美国学者威廉斯认为，创造者在情意态度方面具有好奇、冒险、挑战、喜欢想象等心理特质。贾馥茗综合各家的观点，认为创造的人格特质是自由感、独立性、幽默感、坚毅力、勇气等等。美国学者怀尔斯认为，具有创造力的人，大都具有以下特质：能够接受各种新事物、做事比较专注、乐于接受各种挑战、勇于面对各种冲突。泰勒认为，具有创造力的人具有较多的自主性、自我满足，有独立的判断能力，当其发现多数人的意见错误时，不惜挺身而出，提出异议，对本身非理性的方面持开明的态度，且肯直认无隐。教师在创造型教学中，应当针对学生的不同个性特点及其特长，因势利导，扬长避短，使学生的个性和特长得到充分的发展。

（5）独立思考，鼓励逆向思维。鼓励学生独立思考，敢于提出自己不同的看法和意见。特别是鼓励逆向思维，充分发挥思考问题的创造性。所谓逆向思维是指从对立的、相反的甚至颠倒的角度去思考问题，这是获得创造性成果的重要的思维方法。在教学中，从这些方面去努力实践，就能培养学生创造性的思维能力。

（6）手脑并用，重视创新能力的培养。我国现代著名的教育家陶行知强调手脑并用对于培养创造性思维具有重要的意义。他曾作

《手脑相长歌》："人生两个宝，双手与大脑/用脑不用手，百事办不好/用手不用脑，是个大草包/手脑相结合，发明又创造。"按照恩格斯的看法，在某种意义上说，手也是思维的器官。手在大脑的指挥下，能做出上亿种精细动作；而这些动作，可以源源不断地为大脑提供多种多样的信息，从而改进并完善脑的机能，促进思维的灵活性与敏锐性。手脑结合的必要性与优越性还在于：它能使大脑左右两半球趋向协同活动，使左右两半球的能力都得到充分发挥并结合起来，这对提高创造思维水平具有重大的促进作用。[①] 关于创新能力，有研究者认为，根据信息社会、知识经济的要求和个体的能力表现，将创新能力的内涵约定为：寻求与发现信息的能力、加工与超越信息的能力、实际操作能力（对于文科学生来说写作和口头表达能力应包含其中）、竞争与合作的能力、自我反省与监控能力。因此，在创造型教学中，应当重视学生的手脑并用和创新能力的培养，使学生的创新意识、创造性思维、创新实践等等方面的能力，同时得到培养和发展，使之真正成为高素质的创造性人才。

第三节　创造型课堂教学模式的实践研究

创造型教育教学模式早已成为世界教育的潮流。确立创造型课堂教学模式必须树立全新的教学理念。创造型教学是开发人的潜能，培养人的创造能力的教学，是主体性教育思想的具体体现，是

---

① 燕良轼.创新素质教育论［M］.广州：广东教育出版社.2002.

一种鼓励探索、培养愉悦心境的教学。创造型教学要求教师不断探索促进学生创造性思维和创造能力发展的教学策略和方法。创造型教学可以促进教学内容的重组和教材的改革。

在课堂教学中，努力提高学生的创造实践能力是教学研究中一个十分重要的课题。培养学生的实践能力是培养高素质的创造性人才的需要，也是培养具有涉外特色人才的一个十分重要的因素。湖南涉外经济学院文法学院老师在课堂教学过程中，通过加强情境教学，开展多种方式的课堂讨论，直接组织课堂实践，理论联系实践，有针对性地开展课堂作业等方式，努力培养学生的创造实践能力。

这种教学活动能使学生假定性地进入现实生活的实战现场，具体开展工作，当然能直接锻炼提高学生的文秘工作能力，因为这是在理论指导下的实践，实践主体具体鲜明的自觉意识，效果自然比在具体实践中摸索来得更轻松，印象也会更深刻。其实，在其他一些课程，如文学理论、美学、文学史等课程的教学中，也可运用这种"情景教学"，增强学生有关方面的实践能力。例如，文学史课程在讲到某一作家某一作品的特色时，为什么不可以截取某一作家作品中的某些细节，要求学生进行欣赏分析呢？这样既可以增强课程的艺术感染力，又可以提高学生的欣赏评价作品的能力。

一、开展课堂讨论

开展课堂讨论大致可分以下几种情况。

第一，设置一个能包含整堂课内容的较大问题，接着教师或讲述有关材料或通过视频提供有关材料，然后师生共同讨论、寻求解答。张老师在"中国现当代史纲要"的教学中就运用了这种方法。例如，在讲五四新文化运动时首先提出一个问题：五四新文化运动后期，中国精英为什么很快转而向俄国学习？然后教师讲述五四新文化运动发生发展的情况，中间还有视屏播放诸如袁世凯称帝，1919年五四大游行等历史场景，最后师生共同讨论这一问题。这种讨论式教学的好处是：提出问题，能引起学生的关注，有目的地吸取知识，效果更好；师生共同讨论，有利于培养学生的探索精神，学生的主体性得到较大程度的发挥。

第二，在教学过程中不断地提出问题，特别是在重点处有意设置问题，让学生看书思考，然后师生共同探讨问题。

在教学中精心设置提问或组织学生辩论，尊重学生的独立思考，培养学生的创新精神，这不是教学方法、教学模式的转变而是教学思想的转变。

第三，自由讨论式。自由讨论式的好处在：首先，学生自由提问容易引起学生的学习兴趣。学生提出的问题肯定是他学习中的疑点或感兴趣的问题。其次，学生的思维处于自由的思考状态，这种思维状态有利于思维从外界吸收事物，有益于思维的积极发展。再次，自由讨论式丰富了教学容量，实际教学结果大大超越了设计的教学内容。教师不一定能完美地解答所有问题，但这不要紧，只要学生有兴趣，自己可以再去学习。

课堂讨论的教学方式有何意义呢？就这一问题笔者走访了钟老师。他认为具有这样一些意义：①完全打破了注入式的教学方法，能充分发挥学生学习的主体性；②丰富和拓展了教学内容；③有利

于激发学生创造性的思维能力；④思考探索问题本身就是人文科学的一种重要的实践方式。技术课可以通过操纵机器去实践；在人文科学中，思考探讨问题本身就是它的重要实践方式。

课堂讨论式教学应注意的问题有两点：一是应在教学的重点处展开讨论，教学的重点内容花时间深入探讨才有科学价值和思考价值。人的精力和时间应当花费在探讨有价值有意义的问题上。二是在展开讨论时应充分发挥教师的主体性，教师应把问题引向深处，这是提高教学质量的重要一环。讨论问题愈深入愈细腻愈有益于训练思维的创造性和严密性，才能更好地发展学生的创造性思维能力。

二、直接组织课堂实践

课堂作文，课堂演讲，组织学生进行教学实践等，这些都是直接组织课堂实践的方式。笔者曾经听过刘老师这样一堂大学语文中的演讲训练课。两节课的课题是：即兴演讲。她用 25 分钟讲了即兴演讲的特点，如何克服怯场心理，如何选材，最后提出了几点要求，接着是 60 分钟的学生即兴演讲，结果学生演讲积极，一个接一个上台演讲，从不间断，每讲完一个，教师作简短点评。当然这非常有益于学生演讲能力的提高。高老师在"对外汉语教学概论"和杨老师在"语文教学论"的教学中有计划地安排学生上讲台讲课或说课。学生讲课或说课后，师生共同从教学角度，就学生的教态、语言、说话的节奏、内容展开的方法、板书、对外教学的特点等一一进行点评，充分肯定学生的长处、特点，指出其缺点及其不足，学生觉得很有收获。笔者在从事"文学概论"教学中，曾在"文学价值系统的内涵"的有关章节中，组织学生讲课：事先指定几个学生，认真备课；待上课时，学生一个个相继走上讲台，讲解有关内容。教师则先当学生，认真听学生讲解。每个学生对相关内容讲完后，教师作点评。点评包括两方面的意思：一是学生讲得怎样，哪些内容讲得好？好在哪？二是补充，学生讲得不充分不深入的地方，教师再作简短精粹的阐述。实践的结果，学生很感兴趣，一则锻炼了学生上讲台讲学的能力；二则能启发学生的思维，在如何分析阐发有关教材的内容中，往往学生各有其特点，如能发掘其所长，指出其不足，就能较好地发展学生的思维能力；三则改变了课堂老是由老师讲的传统模式，使课堂教学变得新颖，有趣有益。

三、理论联系实践

崔教授在一堂"普遍逻辑"课的教学中，在讲授了定义法的理论之后，结合教材作课内口头作业。在对书中一个作业题的解答过程中曾发动十多个学生站起来回答，动员学生之广，以前不多见。不仅活跃了课堂气氛，而且运用理论于实践，增强了学生理论联系实践、运用理论解决具体实际问题的能力。秦老师在"文学概论"教学中，曾结合李白《送孟浩然之广陵》一诗，讲授什么是意境，意境有何特征，在讲述过程中始终联系这首诗来阐述问题，这样变阐述理论的过程成为欣赏品评诗歌的过程，理论由于联系诗歌欣赏的实践变得深入浅出，通俗好懂，不再觉得理论枯燥深厚；同时也让学生感受到理论运用于实践，能够提高欣赏品评文学作品的能

力。讲完相关内容后，还布置了一个作业：试结合欣赏叶绍翁的《游园不值》一诗，阐明意境的审美特征。通过理论联系实践的反复过程，既加深了对理论问题的理解，又能体会到理论联系实践，能有效地提高欣赏品味文学作品能力的甜头。

这是作者所接触了解到的文法学部老师在课堂教学中努力提高学生的实践能力的一些主要的措施办法和途径，可能还有一些好的方式途径还未能发现并概括到本文之中。但这不要紧，凡真正能提高学生的实践能力的方式和途径，在教学实践中都会得到学生的认可欢迎。至于组织教学实习，撰写毕业论文，这些都是提高学生实践能力的行之有效的好方式好途径，因为这不属于本课题的范围之内，故不再赘述。不当之处，请师生和广大读者批评指正。

第六章 当代教育与教学管理模式下教师的发展

第一节　当代教师专业发展途径

我国学者叶澜说过，"没有教师生命质量的提升，就很难有高的教育质量；没有教师精神的解放，就很难有学生精神的解放；没有教师的主动发展，就很难有学生的主动发展；没有教师的教育创造，就很难有学生的创造精神。"但对教师而言，其有效的、持续的发展不是完全在自主状态下进行的，而是通过积极有效的途径得以实施的。教师要成为学生发展的促进者、成为教育的研究者，需要通过有效的建设途径来实现。本节主要关注教师专业发展的途径，从教师专业发展活动推动主体的视角，将教师专业发展途径从国家政府组织实施到企业、教育团体、地方政府、学校组织实施，划分为政府机构组织、非营利机构组织、教师组织、校际合作、校本培训、教师自主发展几条途径。

一、政府机构组织

政府机构组织的教师专业发展活动主要是指由国家相关教育部门组织的教师培训，并为教师提供其认为有助于教师能力发展的课程。一般而言，政府机构组织的教师专业发展活动通常以政策法规的形式对教师提出学历水平或各种证书取得等方面的要求，然后依托各级各类培训机构提供有助于教师知识更新和能力发展的课程。这是一种"自上而下"的教师专业发展活动，依托以"教师为中心"的教师专业发展模式，培训模式以一对多的、自上而下的方式展开，具体就是一组培训者培训一群人，逐级传递一些关键信息。这种"逐级"的培训模式，是"教师为中心"管理系统得以正常实施的一份保证。

二、教师组织

为维护教师这一群体的相关权益，西方在很早便成立了专门性的组织，称为教师组织。教师组织的性质是自发的、民间的、非政府团体，主体是教师，客体包括一些其他从事教育工作的人员。一般教师组织都订有自己组织的入会标准和规范章程，教师组织服务的宗旨是，为本组织成员争取利益的最大化，提升本组织成员的专业知识和专业素养。各国主要教师组织及其现况如表 6-1 所示。

表 6-1　各国主要教师组织及其现况

国家	组织名称	现况
美国	全美教育协会（NEA）	专业型
	美国教师联盟（AFT）	工会型
英国	全国教师协会（NUT）	工会型
	全国男女教师协会（NASUWT）	工会型
	教师与讲师协会（ATL）	专业型
	教师专业协会（PAT）	专业型
	教学总会（GTC）	专业型
法国	初等与中等教师全国联合会（SNI-PEGC）	工会型
	全国教育联盟（FEN）	工会型
德国	教育与学术工会（GEW）	工会型
	德国语文教师学会（DPHV）	专业型
日本	日本教职员组合（日教组）	工会型
	日本高等学校教职员组合（日高等组）	专业型
	全日本教职员组合（全日教）	工会型
	全日本教职员联盟（全日教联）	专业型

以下主要通过介绍全美教育协会、英国全国教师协会以及日本教职员组合来了解这些教师组织是如何开展教师专业发展活动的。

（一）全美教育协会

全美教育协会（NEA）于 1857 年成立，是美国第一个全国性的教师组织，在美国教师专业发展的历史进程中扮演了非常重要的领导角色。该协会的宗旨是推进美国公立教育事业，提高教师的专业地位，改善学校教学质量，促进教学专业发展，完善教师薪资福利，最终推进美国公立教育事业的发展。全美教育协会从建立伊始就展现出了鲜明的特征，如提升教学的专业性，维护教学专业的效益，促进美国公共教育事业的协会宗旨；全美教育协会内部专业机

构的设置包括为其成员提供广泛的信息咨询服务的研究部门、一些与项目有关的常设机构、教学和专业发展委员会、为提升教学专业标准而设立的全国教师教育与专业标准委员会以及负责教师福利和教师权益等的服务机构。全美教育协会设立了由各州和地方协会代表组成的代表大会，它成为协会最高民主管理决策机构。协会的主要构成成员是各中小学教师，另外也包括高等院校教职员工、教育辅助专业人员、学校管理者、退休教职员工以及准备从事教学工作的大学生等。

全美教育协会推动教师专业发展的策略主要有以下几点。

（1）争取教师经济条件改善，提高教师社会地位。协会成立了专门负责的机构，并开展了相关研究。

（2）参与政府政治进程，影响教育决策。协会通过支持政党候选人，寻求合适的利益代言人，并充分利用自身各种资源的优势，为影响政府的教育决策提供信息支持，同时动员基层成员利用媒体的力量，积极回应教育决策。

（3）制定专业伦理规范，凸显教师专业精神。协会成立了专业伦理委员会，该委员会通过调查研究，列出了关于理想教师的标准准则，并颁布了《教育专业伦理规范》[①]。

（4）规范教学专业标准，提升教学专业服务质量。协会建立了全国教师教育和专业标准委员会，创建了全国教师教育认证委员会，同时支持全国专业教学标准委员会的工作，努力打造优秀教师群体。

---

① 朱宛霞．全美教育协会推动教师专业化的策略研究［D］．武汉：华中师范大学，2007.

（5）推进教师教育改革，加强教师的学术性与专业性。

（6）展开各项教师专业发展活动，提升教师整体专业发展质量。协会积极敦促建立教师中心，加强教师培训和专业发展；注重树立未来教师职业理想，为教师专业培养后备人才；引领新教师入职，降低新教师流失率；开展丰富多彩的在职教师培训计划，提高在职教师培训质量；促进高等院校与地方中小学伙伴关系的形成。

（7）从事教育科学研究，提供信息服务。协会通过发表研究报告，提供决策以进行参考；另外，协会也出版刊物，建立网站，以促进信息交流。

（二）英国全国教师协会

全国教师协会（NUT）成立于 1870 年，是英国最早也是人数最多的教师组织，总部在伦敦，其前身是小学教师协会，协会的行政人员包括教师、各级教育行政人员等。全国教师协会的成员以小学教师为主，文法中学和大专教师的出席率很低。除了专门用于办公的总部之外，在世界的其他区域还设有区分部。

目前，全国教师协会是英国也是欧洲历史最悠久、规模最大的教师组织，总人数达到 18 万多人，协会成员包括中小学教师、教育相关管理部门工作人员、退休教师以及学生会员。

全国教师协会的目标是着眼于发展义务教育和均等教育，协会的主张男女性别、种族和宗教的平等，要求得到相同的待遇。[①] 协会的宗旨是保障教师的基本权益，强调师资培养过程专业化水平

---

① 张蕊，周小虎.英国教师组织及其影响教育政策制定的策略［J］.外国教育研究，2011（3）.

的提升以及专业自主等，协会出版的期刊有《教师周刊》和《中等教育》。

（三）日本教职员组合

日本教职员组合（以下简称日教组）成立于第二次世界大战结束后的 1947 年。在日教组成立之初，绝大多数的中小学教师都加入了日教组。后来随着教师经济环境与社会地位的改善，年轻教师安于现实，对于日教组存在的目的与政治意图产生怀疑，在缺乏新近成员与流失既有成员的情况下，日教组成员持续减少。

日教组对日本教育政策的影响主要表现在以下三个方面。

（1）维护教育民主，抵制保守改革政策。日教组成立的背景决定了其组织目标的定位，即"民主、权益、和平"。在日教组看来，民主的教育就是不受外部政治力量干涉的教育。在从第二次世界大战后至 20 世纪 90 年代，在长达半个世纪的时间里，日教组在它所设立的研究机构、各种专门问题委员会以及作为其成员的著名大学教授们的活动中，传递出强烈的要"民主、权益、和平"的愿望，具体内容包括：继承和坚持民主和平教育、维护教学和研究的自主自由、反对教育专制、反对经济至上、反对军国主义教育、克服"教育荒废"等等。

（2）塑造全新的教师形象，坚决维护教师权益。由工会性质决定，日教组织的工作重点是要改变日本教师当时的经济条件；另一方面，日教组也积极地维护教师的专业权，抵制政府有任何控制教师之嫌的政策，并积极提高教师参与和影响政治的途径。[①]

（3）采用合法策略，建言教育改革。在多年不懈的努力下，于1997年，日教组织得到了法律的保护，被评定为法人团体，获得了法律上的多种权利，拥有了在决策层发言和决策的机会，

简言之，日教组主要通过建言教育改革的形式逐步影响着教育政策。

三、教师自主发展

除了上述所讨论的政府机构组织、非营利机构组织、教师组织、校际合作、校本培训等教师专业发展途径之外，教师自主发展也是教师专业发展的一条重要途径，这是凸显教师能动性、主动性的一条途径，这种发展的愿望与需求不是对外在压力的迎合，而是基于自身的发展和需求提出的。教师自主发展一般通过教师行动研究、教师教学反思、建立成长档案袋等活动来完成。

（一）教师行动研究

行动研究是深受一线教师、行政管理人员、教育研究者青睐的一种切实可行的、可操作的研究过程，是教师实现自主发展的一条重要途径。以一线教师作为行动研究的主体，以一线教师在实践中出现的问题为行动研究的对象，在实践行动过程中，教师发现问

---

① 许建美. 教育政策的制衡力量：论"日本教职员组合"对战后日本教育政策的影响 [J]. 全球教育展望，2011（4）.

题、解决问题、研究问题、设计问题，通过系列的对"问题"的研究，利于教师的专业成长。行动研究以教师的教学实践为中心，简单、具体且易操作，并且能够及时解决教师教学过程中遇到的问题。

行动研究是一种研以致用的研究方法，可以产生与教师教学实践活动有关的、具体的、直接的结果。这种研究结果关注教学过程中具体的、明确的问题的解决，具有可操作性。行动研究一般需要经过三轮循环来完成，其基本的过程和步骤如下：

（1）计划。计划是行动的第一步，关于行动的思路计划要明确，一些基本的问题，例如明确问题（是什么）、分析问题（为什么）、制订计划（怎么办）等。

（2）行动。计划明确之后，就要把具体的解决问题的思路和方法落实到行动中，这也是行动研究中的核心一步。

（3）观察。在研究过程中，需要对行动的情况进行观察和记录，为行动研究过程与结果提供比较全面、透彻的依据。

（4）反思。正常的行动研究步骤是"计划—行动—观察—反思"，因此，在计划—行动—观察完成之后，反思是对前一阶段的行动结果分析，也是对后一阶段的经验参考，反思的目的是要清楚在上一阶段的研究中出现了哪些问题、解决了哪些问题、从哪些问题中得到哪些经验教训，哪些问题对于下一步的进行有指导意义等等。

（二）教师教学反思

教师的教学反思是教师教学认知活动的重要组部分之一，其方

法有以下几种。①课后备课。课后备课能够使教师根据教学反馈进一步修改和完善教学设计方案，有助于教师及时总结课堂教学过程中的优势和不足，有效增强教学效果。②课堂观摩。课堂观摩主要是以相互听课的方式来进行，相互听课、磨课可以使教师之间相互取长补短，同时实现资源的共享。③教学日志。教学日志是指教师对所教、所听课的感受的记录，如课堂教学的重难点是否解决？课堂教学是否关注了每一位学生的发展？教学日志是否有效地促进了教师的反思型研究？④教育叙事。教育叙事要求教师能够叙述出自己怎样以合理的方式解决课堂教学中的问题的过程，它能够使教师反思自己的教育教学思路，促进其教育教学水平的提升。

（三）建立成长档案袋

教师成长档案袋是描述教师职业生涯中专业发展的有效工具，能够记录和保存教师成长中的过程性资料。其中包括：

（1）教师个人的基本信息。例如，教师个人简介、所学专业、教学年限、个人爱好等，关于教师工作和学习背景的具体描述。档案袋中关于教师个人基本信息详细记录了教师的基本情况，简单明了，根据档案袋可以进一步明确教师专业发展的状况。

（2）教师教学反思记录。教师的自我反思是教师与自我成长的对话，档案袋以个案研究、阶段总结、教学论文等形式完整保存在教师的成长档案中，完善教师的成长。

（3）教师工作内容。例如，教师设计方案、教学录像、研究课题、论文等。教师的工作内容不仅包括教师作为一个教学者所呈现出的内容，更多的还有其作为研究者、学习者、评价者等所呈现出的内容。[①]

一般情况下，教师成长档案袋以纸质档案袋、网络化平台和有实际意义的袋子等方式呈现。教师成长档案袋对于教师梳理自己的教育教学理念和教学风格起到帮助作用；有助于教师在专业化反思中成长和进步、对自己的经验进行系统化的梳理和整理、进行自我评估及发展方向的定位；更重要的是，教师成长档案袋能够有助于学校为教师的专业化发展提供帮助，如对教师进行有针对性的培训和指导、为教师提供系列学习资源等。

第二节　当代教师信息技术应用能力与建设政策

一、面向信息化的教师专业发展

（一）面向信息化的教师专业发展内涵

1. 教师信息化专业知能（TPC）的发展

在教育信息化的进程中，首先要解决的问题是提高教师自身的信息化水平，即教师信息素养和教师的信息化专业知识与能力（Teachers' professional competence in ICT-supported instruction，简称 TPC）。教师信息化专业知能指教师所具备的信息化知识和运

---

① 邱九凤. 教师成长档案袋：教师专业发展的有效工具 [J]. 教育探索，2010（8）.

用信息化知识处理问题的能力，它不仅指信息化知识，更强调信息化处理能力的形成过程。

2. 教师专业发展过程的信息化

教师专业发展过程信息化指在对教师进行信息化教育的过程中，必须用信息化的方式去发展需要提高信息化能力的教师，要求教师教育机构需要具备信息化的基础设施，采用信息化的教学、管理手段与方法，更新教师教育观念，改进教师教育信息化过程以及评价方式。

通过对面向信息化教师专业发展内涵的剖析，我们清晰地看到面向信息化的教师专业发展既包括教师信息化知能的发展，又包括教师专业发展过程的信息化。教师专业发展过程的信息化，在某种程度上来说最终也是为了实现面向信息化的教师专业知能的发展。

（二）面向信息化的教师专业发展要求

信息化教育是与传统教育相对而言的现代教育的一种表现形态，它以信息技术的支撑为其显著特征，也正是由于将技术引入教育教学中，知识、教师、学生、技术之间形成了一种新型的关系，教师不再是知识的传播者，而是通过帮助学生获得、解释、组织和转换大量的信息来促进学生学习的引导者；学生也不是现存知识的被动接受者，而是借助各种技术工具以协同作业、自主探索的方式进行知识建构、解决问题的学习者。相应的信息化教学也是对传统教学的一种革新，两者的特征对照见表 6 - 2。

表 6 - 2　传统教学与信息化教学

传统的教学	信息化的教学
传统的学习环境	新的学习环境
教师为中心的教学	学生为中心的教学
单感官刺激	多感官刺激
单途径的学习过程	多途径的学习过程
使用单一媒体	使用多媒体
独立完成工作或学习	合作工作
信息单方向传递	信息相互交换
被动的学习	主动的、探测的、调查的学习
基于知识和事实的学习	批判性思考和有知识的决定
条件反射式学习	有预计的学习活动

从上表对比我们可以看到，信息化教学是一种革新的教学方法。正是因为教学的目的、环境、通道、媒体、方式等多方面发生了根本性的转变，这就对教师在信息化环境下的教与学提出了新的要求，即对教师的信息化专业发展提出了新的要求。

教育改革是一个没有终点的旅程。在这个旅程中，不断地学习和发展——包括个人和组织结构的学习与发展，是其中的主旋律。同样，面对新的专业化发展要求，教师必须带着"探索和继续学习精神"以应对新的挑战。教师需要学习新的技能、新的行为、新的信念和新的认识。所有这些东西对于教师来说，都是其面向信息化专业发展所需要和要求的。

二、教师信息技术应用能力建设政策

目前，包括美国、韩国、新加坡、澳大利亚、英国、中国等在内的许多国家都出台相应的教师教育信息化政策，旨在通过信息技术有效促进教师的专业发展，进而有效实现教与学的变革。由于这些国家的文化、经济、政治等背景各不相同，在教师教育信息化政策方面的目标和实施途径也各有不同。为了系统地分析上述各个国家有关教师信息技术应用能力建设方面的政策，本节采用内容分析法，从政策内容、政策特点、实施途径和政策评估四个维度开展对比研究，以期为我国相关教育信息化政策的制定提供一定的借鉴。

（一）政策内容

教师信息技术应用能力建设的政策内容，涵盖了各国在教师信息息技术应用专业发展方面的主要建设领域，对于教师信息技术应用能力建设起到了非常重要的作用。不同的国家在教育信息化发展的不同阶段，关注的领域有所差异。美国 NETP 1996 关注在职教师培养和职前教师培训；NETP 2000 则关注在加强师范生培养的基础上，提升教师专业发展活动的质量，为教师提供教学支持，并建立起教师教育机构认证和课程评估标准；到了 NETP 2004，改进教师培训，为每一位教师提供数字化培训成为政策内容的核心；在 NETP 2010 中，为职前教师和在职教师提供良好的准备和使用技术的专业化学习体验，培养一支擅长利用网络开展教学的教师队伍，使用信息技术创建教师个人终身学习网络则成为 NETP 的重点内容。韩国的 Master Plan Ⅰ 强调为教师提供培训课程，包括特殊课程和通用课程；Master Plan Ⅱ 注重实施发展教师信息技术应用能力计划，利用网络教育和培训中心开展教师信息技术应用能力培训，并制定教师信息技术应用能力标准；Master Plan Ⅲ 则建立教师培

训信息系统和教师培训信息服务系统，并成立各种远程培训中心，大力开展远程培训；Smart Education 开展以来，韩国注重培养专业教师、开发培训项目、激活学习社区、推广和应用数字教材，注重教师能力的再提升，为教师提供个性化培训。[①] 新加坡关注的内容同美国、韩国类似，从关注在职教师培训和职前教师培训，到建立整合的、持续的教师专业发展模式，并对教师使用技术进行认证，再到培养教师信息化环境下的教学设计能力。澳大利亚、英国和中国所关注的政策内容各有倾向，但整体上同上述各国类似。[②]

通过对各国教师信息技术应用能力建设的政策内容进行梳理和对比，发现各国教师信息技术应用能力建设的政策内容主要包括职前教师培养、在职教师培训、信息化领导力培养和教师信息技术应用能力标准四个方面，如表 6-3 所示。

表 6-3 各国教师信息技术应用能力建设政策内容分析

国家	职前教师培养	在职教师培训	信息化领导力培养	教师信息技术应用能力标准
美国	√	√	√	√
韩国	√	√	√	×
新加坡	√	√	×	×
澳大利亚	√	√	√	×
英国	√	√	×	×
中国	√	√	√	√

从表 6-3 可以看出，各国在教师信息技术应用能力建设的政策

---

① 崔英玉，孙启林，陶莹. 韩国基础教育信息化政策研究 [J]. 中国电化教育，2011（6）.

② 朱莎，张屹，杨浩，等. 中、美、新基础教育信息化发展战略比较研究 [J]. 开放教育研究，2014（2）.

内容方面，共同关注三个领域的发展：职前教师的信息技术应用能力培养、在职教师的信息技术应用能力发展以及学校领导和管理人员的信息化领导能力发展。并且，各国在教育信息化发展的不同阶段，其关注的内容各有侧重，具体表现为从关注职前教师信息技术应用能力培养到关注职前教师培养和在职教师培训、认证、考评一体化，再到利用信息技术实现教师持续化、终身化的专业发展。

另外，各国注重通过制定相应的教师信息技术应用能力标准、建立相应的教师评聘和认证考核的制度体系，来共同促进教师信息技术应用能力的建设。例如，美国制定了两个不同版本的教师信息技术应用能力评价标准，用以评估教师的信息技术应用能力；我国在 2004 年和 2014 年先后发布了两个版本的教师信息技术能力标准；联合国教科文组织制定的教师信息技术应用能力标准框架对推动世界各国教师信息技术应用能力的建设起到了至关重要的作用；韩国和新加坡虽然没有制定相应的评价标准，但取而代之的是教师能力发展指导方针。

（二）政策特点

在政策制定中，不同的国家呈现出不同的特点。由于各个国家经济、文化、社会等的差异，教师信息技术应用能力建设的政策也呈现出不同的特点。例如，美国的政策主要是为了应对 21 世纪教育教学的挑战，使得教育可以适应社会科技、经济的发展，呈现出很强的应用驱动性。韩国的政策呈现持续性，注重建立完善的政策体系，并且根据实施的具体情况，及时调整政策。新加坡的政策则更多地受教育理念的影响，MP1 是受"思考型学校、学习型国家"

理念的推动，MP2 是受"少教多学"理念的推动，MP3 则是受"一切服务于让每个学生成才"理念的推动。澳大利亚主要是为了应对经济危机、在全球抢占先机，制定了数字教育革命政策。我国政策则呈现自上而下推动的形势，由宏观指导转变为项目推进，将教师信息技术应用能力纳入教师教育课程标准和专业标准中。

通过对各国教师信息技术应用能力建设的政策进行梳理和分析，发现各国政策主要呈现以下特点，如表 6-4 所示。

表 6-4   各国教师信息技术应用能力建设政策特点分析

国家及国际组织	应用驱动	连续性	立体化
美国	√	√	√
韩国	×	√	—
新加坡	√	√	√
澳大利亚	未知	√	—
英国	√	√	√
中国	×	×	√

从表 6-4 可以看出，各国教师信息技术应用能力建设主要呈现三个特点：应用驱动、连续性和立体化。首先，为了调动学校和教师对信息技术应用能力建设的积极性，美国、新加坡和英国具有丰富的经验，鼓励由国家给出相应的建设建议，学校和教师根据自身发展的需求，在应用驱动的前提下，选择最合适的发展项目和途径。其次，各国非常注重教师信息技术应用能力建设政策制定的连续性。在实施下一次建议规划的开始，结合上一次建议规划实施的情况，实时调整政策，做到集成前任建议规划成效的同时，把教师信息技术应用能力的建设推向新的高地。最后，为了保证教师信息

技术应用能力的建设政策落到实处，美国、新加坡、英国和我国围绕教师信息技术应用能力建设的核心政策，制定了一系列相互配套和支撑的政策，形成立体化的政策保障体系，保证整体效益的充分发挥。

（三）实施途径

教师信息技术应用能力建设政策要最终反映教师信息技术应用能力的提升，实现信息技术支持的教育教学方式的变革。因此，需要通过一定的途径，让政策的效益得到良好的发挥。各个国家在政策实施的过程中，途径各有不同。例如，美国通过出台建议性政策，供各个州和学校根据自己的实际需求，建立适合的发展政策，同时发布面向教师的国家信息技术标准来对教师信息技应用能力发展进行指引；韩国在 Master—Plan I 中通过制定《信息通信基本法》和《信息化促进法》等法案提升政策的执行效力；新加坡通过制定一系列配套政策（如教师激励机制等），启动一系列教师能力建设项目来促进能力提升，并且在实施过程中注重学校自主权的发挥；澳大利亚通过制定《通过合作取得成功》和《数字教育革命实施路线图》，为数字教育革命提供指导；我国通过实施全国教师网络联盟计划、信息技术能力提升计划等，同时伴随出台一系列部委文件作为配套政策，对政策的实施起到积极的推动作用。

通过对各国教师信息技术应用能力建设政策的实施途径进行梳理和分析，发现各国政策实施途径呈现以下趋势，如表 6-5 所示。

表 6-5 各国教师信息技术应用能力建设途径分析

国家	强制性政策	建议性政策	配套政策	参与主体
美国	×	√	√（立法）	联邦政府、州政府、企业、非营利组织
韩国	√	√	未知	教育部、教育信息研究院、地方教育厅
新加坡	√	√	√（激励措施）	教育技术部、公司
澳大利亚	×	√	√	联邦政府、州政府、地区政府、私立机构代表
英国	√	×	√（激励措施）	中央政府、地方当局、教育部、教育传播与技术部
中国	√	×	√	教育部、地方政府、部分国企

从表 6-5 可以看出，各国教师信息技术应用能力建设政策的实施途径呈现三种趋势：首先，政府颁布强制性政策，自上而下推行；其次，政府出台建议性政策，供学校和教师选择；最后，政府在政策实施过程中，通过立法等不同形式及时出台配套政策，鼓励多方参与。例如，美国将"不让一个孩子掉队"写入法律，通过立法的形式加强教师信息技术应用能力建设政策的实施效力；新加坡为了鼓励教师在教育教学中创新应用信息技术，设立了相应的奖项和奖金，对表现优异的教师进行奖励；韩国在 20 世纪 90 年代中期制定了《信息通信基本法》《信息化促进法》等与信息化相关的法律，为韩国教师信息技术应用能力的提升奠定了基础。同时，在政策实施的过程中，各个国家非常注重多方力量的协同参与。例如，美国政府十分注重与企业、高等院校、非营利组织进行合作，充分利用外部的资源促进教师信息技术应用能力的建设。

通过比较发现：首先，政府机构组织的教师专业发展活动注重教师信息技术初级应用阶段能力的建设（如信息素养）；其次，教师信息技术高级应用阶段能力（如知识深化、知识创造等）建设的专业发展活动重心由政府机构组织向教师群体和个人下移；再次，教师的选择权、自主权及其能动性是教师专业发展活动的关键；最后，教师专业发展活动的培训内容体系设置需面向教师的实际教学需求。

（四）政策评估

教师信息技术应用能力建设政策评估，对于测量政策实施的效果、总结政策制定的经验、发现问题并及时调整政策具有非常重要的作用。韩国政府非常重视对于教育信息化相关政策的评估工作，每年定期发布年度白皮书，对政策实施的成效进行评估，发现存在的问题并及时调整政策导向；澳大利亚在数字教育革命中委托相关公司对政策实施成效进行评估；新加坡政府也从 MP3 开始，由教育部对政策的实施效果进行评估。其他形式的评估可能存在，但从目前资料显示的情况来看，尚不明朗。

根据政策评估实施主体的不同，可以将其分为政府组织评估、第三方评估以及其他形式的评估。通过对各个国家针对教师信息技术应用能力建设政策的评估进行详细的梳理和分析，得出如下结果，如表 6-6 所示。

从表 6-6 中可以看出，各国非常重视对教师信息技术应用能力建设政策的评估，在评估政策实施成效的基础上，及时发现教师信息技术应用能力建设中存在的问题，从而有效调整政策的制定和实施。而对于政策评估的形式，各个国家不尽相同。美国、韩国和英国由政府组织对相关政策的实施效果进行评估；而澳大利亚则委托

第三方机构对数字教育革命进行评估；新加坡政府从 2009 年开始由政府组织实施对于政策的评估工作。相比较而言，我国则缺少对教师信息技术应用能力建设政策的相关评估。

表 6-6　各国教师信息技术应用能力建设政策评估分析

国家	政府组织评估	第三方评估	其他评估
美国	√	×	×
韩国	√	×	×
新加坡	√（2009 起）	×	×
澳大利亚	×	√	×
英国	√	×	×
中国	×	×	×

（五）教师信息技术应用能力建设政策的特点

通过对上述各个国家近二十年来的相关政策进行对比和分析，根据进一步研究得出，各国教师信息技术应用能力建设政策的特点主要表现在以下几方面：

1. 注重连续性设计和分阶段稳步推进

阶段性、稳定性和连续性是各国教师在信息技术应用能力建设政策方面表现出的明显特征，这对持续推进教师信息技术应用能力水平的提升有着很大的推动作用。根据我国教师信息技术应用能力建设的现状，未来教师信息技术应用能力建设政策应该实现“四个坚持”：坚持按照国家教育信息化规划的总体部署，稳中求进；坚持以提高教师信息技术应用能力和实现信息技术支持的教育教学转变为核心，继续积极实施教师信息技术应用能力建设政策；坚持宏观政策的连续性和稳定性，提高政策的针对性和协调性；坚持根据教育信息化不同发展阶段的实际状况，适时、适度进行调整，分阶段、有侧重地稳步推进。

2. 目标呈现从技术素养到知识深化再到知识创造的演变规律

目标明确性是政策目标的首要特性，需要将教师信息技术应用能力建设的目标指标尽可能量化，避免全部定性化；对于政策目标的实现时间、步骤要有明确的规定，避免笼统不清；政策目标的制定应该建立在对实际情况深入调研的基础上，如果不切实际、好高骛远，将失去政策目标的实际意义。各国教师信息技术应用能力建设目标的发展规律符合考兹玛（Kozma，R.B.）提出的知识阶梯理论。随着教育信息化发展的不断深入，教师信息技术应用能力建设目标经历了从基础的计算机教育到教师信息技术应用技能，再到信息技术支持的教与学的转变，最后到信息技术支持的知识创新。未来，我国的政策目标定位应该从知识深化向知识创新转变，实现信息技术与课程的深度融合。同时，由于我国东西部地区教育信息化发展的地域性差异，在制定政策目标时，需要考虑学校或区域的实际情况，进行适当调整。

3. 注重颁布相关配套政策

为了保证教师信息技术应用能力建设政策的推行效力落到实处，各个国家较为重视通过颁布配套政策来为政策的实施提供保障。主要表现形式有四种：其一，通过立法的形式加强政策执行的力度，对于由于主观因素阻碍政策执行的责任人，必要时可采取措施；其二，通过组织专家调研，制定政策执行的细则，指导政策的

落实；其三，建立相应的激励机制，引导和鼓励政策的相关责任主体（如教师、学校、区教育部门、企业）主动参与到教师信息技术应用能力建设事业当中；其四，通过配套政策的制定和推行，形成立体化的政策体系，调动多方力量，为教师信息技术应用能力建设营造良好的政策环境。

4. 注重对实施成效进行评估

教师信息技术应用能力建设评估是以培训评估、项目评估和绩效评估为导向，进行综合评估的实践活动。目前我国第三方评估机构还不完善，在政府推进的相关教师培训项目评估中，还没有完整的评估报告，这样不利于教师培训的实施。因此要全力支持院校自我改善并为政府审查提供基础，需要重视我国第三方评估机构的建设。

第三节　当代教师专业发展技术支持

信息技术的迅速发展为教师专业发展活动的开展提供了有效的途径。一方面，信息技术对教师知识的更新起着积极的作用，如利用信息技术能够为教师带来丰富的知识，且这些知识更新速度快，能够使教师紧紧跟上时代的步伐；同时，信息技术作为学习工具和手段也为教师的自主发展带来了极大的便利。另一方面，信息技术能够促进多种形式的教师培训，如微格式、远程授课式、网络探究式、课例观摩式等，多种培训形式增加了教师参加培训的机会，提升了教师进行培训的效率。教师专业发展技术支持主要是将技术分成了两大维度，一是互动型，如网络学习社区、专业学习论坛、博客群、QQ 群、微信群等支持的教师专业发展活动；二是非互动型，如微课微信视频、MOOC 等开放教育资源、专题学习网站等支持的教师专业发展活动。

一、基于学科教研的网络学习社区

网络社区学习是以网络这一跨时空、开放、自由的特殊学习环境为基石，由来自多方面的学习者及其助学者（包括教师、专家、辅导者等）共同构成的一个相互交流、共同协作的学习团体。

社区学习以网络和通信工具为沟通载体，解决在学习过程中遇到的问题、交流彼此学习心得、共同完成一定的学习任务，在彼此的沟通、交流中相互影响、相互进步，并形成良好的人际关系。[①]

（一）韩国教育咖啡屋

韩国教育信息化的主要网站为教育网（Edunet）。教育网的社区是以各学科和各年级的不同进行划分，与其他类别的社交网站相同，教育网设有网站聊天室，并且网站准许用户修改和发布帖子，允许家长和学生进入网站。

（二）美国德雷赛尔大学数学论坛

德雷赛尔（Dvexel）大学数学论坛隶属于德雷赛尔大学旗下，

---

① 张新明. 网络学习社区的概念演变及构建［J］. 比较教育研究，2003（5）.

由该大学的教育部门管理，是领先的网络数学教育中心。数学论坛的主要目的是提供资源、资料、活动、一对一互动和教育项目与服务，以丰富不断发展的技术世界的教学和学习。

德雷塞尔大学数学论坛是一个由数学教师连接起来的在线平台，其在线社区成员除教师外，还包括学生、研究人员、家长、教育工作者、在数学和数学教育方面有兴趣的人士等。该网站保持着上百万的月点击量，致力于创建数学兴趣方面的对话和讨论计划。这一平台还被一些教师教育项目巧妙地用来培养职前数学教师，帮助他们获得数学教学经验。数学论坛含有大量的数学资源，如数字文库能够有效支持数学软件的使用和开发；网络书序文库覆盖了数学和数学教育方面的深层知识；问题库提供了一个方便的界面，用于搜索和浏览集体存档的问题解答等。另外，数学论坛也为教师和其他人员提供了高品质的数学和数学教育相关内容。

二、基于论坛的教师协作知识建构

所谓协作知识建构是由个人和共同体内其他成员通过相互作用、相互帮助完成对知识的建构过程。协作建构是以协作为前提，不存在个人所处的社会文化情境。

而教师协作知识建构是指以学习为前提，教师与其所在的学习共同体内其他成员，通过相互协作、沟通、交流将知识进行群体建构，实现群体专业发展的目的。

（一）探究性学习论坛

探究性学习论坛（ILF）的发源地是美国印第安纳大学，论坛的大部分成员都是美国职前和在职教师。探究性学习论坛创立的目的是要利用建立探究性教学的网络社区，消除教师专业发展过程中的三大问题矛盾，即：正式学习与非正式学习的矛盾、传统课程与新课程的矛盾、个体反思与集体反思的矛盾。

探究性学习论坛具备了普通论坛的基本功能，论坛的核心是探究性教学的视频案例及基于视频建立的"听课"环境。此外，论坛对"寻求理论与实践平衡"的教师教育难题，进行了多次的尝试，而且有很大的进展和不错的突破。

（二）Tapped In

Tapped In 是由美国斯坦福国际咨询研究所（SRI International）开发和运营的网络支持平台，建立于 1997 年。该平台是以多用户地下城（Multiple User Dungeon，MUD）为理念所设计的一个虚拟学习社区，主要是为教师的专业成长提供在线活动环境。Tapped In 平台可以为教师提供课堂教学之外的教师学习资源、在线帮助工具等，并且为参与培训的教师提供了大量专业成长伙伴和丰富的专业支持。Tapped In 是一个提供终身专业发展学习服务的平台，平台中的组织管理者来自于世界各地，活动的内容丰富多样。在 Tapped In 平台中，参加培训的教师和培训的组织者组成了教师专业发展的共同体。

三、基于社会化软件的教师发展群

随着博客、QQ、微信等信息技术交流工具的开发和拓展，其为教师之间开展互动交流提供了简便的途径。博客群、QQ群、微信群等消除了时间和空间上的障碍，为教师提供了一个研究反思与互动研讨的平台，创设了一个宽松的研讨氛围，成为同伴互助和专业引领不可或缺的场地。教师们可以基于博客群、QQ群、微信群等信息交流平台共同探讨教育的热点问题，交换学生在学习和生活等方面的情况，分析和讨论所遇到的相关问题，同时也可以进行资料的共享和检索等，从而促进自身的专业发展。

（一）广州市天河部落博客群

"天河部落"是一个基于博客技术的教学研究平台。"天河部落平台"从教学实际出发，贴近教师的教学内容，根据博客的网上教研，一些精英教师的身先士卒，参与教师从被动、抵触到主动、自觉，直至将参与"天河部落"的活动变成个人生活的一部分。[①]

"天河部落"为教师成长提供了更广阔的舞台，其发展十分迅速，天河部落积累了多方面的学科教学资源，收录了丰富多彩的课程设计，这些内容都可供教师学习。参与该平台的教师，不仅科研水平不断提高，还陆续出现了一线优秀学科教师和学科领头人。

---

① 天河部落〔EB/OL〕. http：//www.thjy.org/，2015—06—21.

（二）QQ 群支持的即时教研

QQ 已经成为人们最广泛应用的一种聊天工具，它可以支持一对一、一对多、多对一的文字和音频、视频交流，同时也可以发送图片、传送文件、收发邮件等。QQ 群的功能包括群聊、群内讨论组、群空间论坛、群相册、群共享、群名片、群邮件、群公告、群内多人语音聊天、群内网络电视、群组成员列表、群发手机短信、群聊天记录等。QQ 群支持的教师教研是指教师利用 QQ 群中的群聊功能在网上交流教学经验。将 QQ 群运用于学校教师的教研工作之中，充分发挥 QQ 的强大功能优势，可以使教师之间进行资源的共享，如通过 QQ 群统一发布教研信息，可以促进教师之间的互动交流，如教师可以利用 QQ 群的互动特性，实现真正意义上的集体备课、听评课、研课、集体讨论、相互答疑等。有效利用 QQ 群开展教师教研活动，教师可以更直接地将自己的困惑、问题、感想、收获等与其他教师进行快速的互动交流，增强教师教研工作的多样性和灵活性，对实现教师专业发展具有有效的引领和资源支持作用。

四、基于微课资源的教师研修活动设计

《教育部关于深化中小学教师培训模式改革全面提升培训质量的指导意见》关于教师培训的目标、方法、模式和内容有详细的说明。意见指出：①各地要大力支持教师网络研修社区建设，全面推进教师线上、线下研修结合、虚拟学习和教学实践结合的多方位学

习；②在线上进行划区域协同研修，利于不同地域的教师间沟通、交流；③重视精英队伍的培养，实现教师学习的日常化。

现有的研修平台还是保留以线性的传统教材思路为主，很难打破传统的章体结构，能否真正激起学习者的学习兴趣，值得人们去思考。近几年，微课在各地普遍开展，从高校到中小学，微课已成为教学的普遍资源。但在教师研修过程中，微课并没有发挥应有的作用。如何基于微课资源设计教师研修活动，提升教师研修效果，已成为当前的主题。

（一）概念界定

1. 微　课

在网络研修中起着基础作用的是微课，那么微课是什么？

微课是在课堂中截取的一段精彩视频。该视频的内容主要以知识点为主，专门记录解决教师在教学中的重点、难点。微课以其短小精悍的特色[①]而深受学生欢迎。

除了最鲜明的特色外，微课还包括以下三个特点。

（1）主题明确、教学情境真实。可以补充由其他形式资源在表现教师隐形知识的不完整。

（2）内容典型、情节短小精致。相比较一般传统课堂记录时间长，教师无法长时间集中精神观看、研修。微课的这一特征可以弥补这一劣势。

（3）结构开放、剪切和使用的灵活性强。在教师研修方面，应

---

① 杨永亮. 基于微课资源的教师网络研修模式构建［D］. 兰州：西北师范大学，2015.

用微课更有利于实践。

2. 教师研修

教师研修是指在相关教育部门领导下，在教师培训机构的指导下，有组织、有计划开展的一系列教师学习活动。在研修中，通过一系列的教师学习活动，可以提升教师在教育中的整体教学水平，进一步提高教师专业素养。[①] 研修的主要内容分为四大板块，分别是集中培训、教学实践、教研活动、成功总结等。在实践中，教师研修表现出来的特征包括：

（1）过程性，在教师研修中，四个环节的发展相互依存、相互作用，其过程缺一不可。

（2）长期性，研修不是一朝一夕可以完成的，每一个环节都要落到实处，因此教师研修需要一个很长的周期。

（3）循环性，研修的四个内容完成后，并不是一劳永逸，而是一个不断地发现问题和改进问题的过程，体现出研修具有循环性。

3. 教师研修活动

教师研修活动是指以广大的一线教师为活动主体，在其他教学团队的指导下，运用网络研修平台，开展的以提高教师的教研能力、提高教学实践能力、改进教学行为的远程学习活动。

教师教研活动特征包括学习性质的非正式性、学习时空的无限性、学习资源的开放性、学习形式的多元化以及互动交流的网络化。

---

① 黄慧芳，辛一君，俞树煜，等．我国教师网络研修研究现状的可视化分析［J］．现代远距离教育，2015（5）：34—41.

（二）教师研修存在的问题

信息化时代，教师在进行教学研修时，采用混合式研修模式，即线上与线下相结合。线下主要是专家讲解知识内容，线上是自主学习。线上研修过程主要关注的是教师在进行研修活动时的行为表现以及对教师研修活动进行绩效评价，从中可以让教师获取理论与实践的知识。[①] 但研修也存在一定的问题。

（1）教学资源短缺。教师研修是一个长期而且循环的过程，因此要保证教学资源的丰富多彩。当前的教学资源短缺，应该考虑扩大资源的范围，具体包括课程资源、多媒体技术工具、优质教师资源、微课等资源，还包括教师自身的生成性资源。

（2）研修活动的设计处于理论层面。具体的研修活动的设计则相对较少。

（三）基于微课资源的教师研修活动设计

维果茨基根据活动的三个要素，即主体、客体和有中介作用的工具，提出了活动结构这一概念。

通过对活动结构的进一步拓展和延伸，列昂节夫提出了活动的层次结构："活动—行为—操作"。同时他列出了完整活动需要具备的要素，包括：需要、动机、目的、达成目的的相关条件以及与这些成分相关的活动、行为、操作。

微课资源的教师研修活动系统需要具备的基本要素为：研修教

---

① 康曼. 基于网络研修社区的教师研修模式与策略研究［D］. 福州：福建师范大学，2015.

师个人（小组）、微视频资源、研修共同体、规则、工具、劳动分工等。

由于微课资源的教师研修活动是教育活动的一部分，因此对于研修活动的具体内容要进行具体的分析，例如是否顺应教育教学规律，是否符合教学设计的一般模式等。同时，要强调研修资源的基础作用，研修资源既是研修活动开展的保证，又是研修活动正常进行的依靠。

而微课资源的内容与研修活动的内容息息相关，例如，优秀微课案例、与微课的设计与制作相关的微课培训资源、在研修过程中可能会运用到的工具资源以及由教师上传的推荐资源、原创微课案例等由研修成果转化而来的生成性资源等。

在整个研修过程中，研修活动处于整体的核心位置，研修主题、微课资源固然重要，但需要通过研修活动得以实现，因此，研修活动的每个环节都很重要，不容忽视。

1. 教师个人参与的研修活动设计

微课以记录课堂教学中的精彩教学片段为主要内容。微课一方面可以有效地记录优秀教师对某一知识点的具体教学方法，一方面详细记录着解决教学过程中难题的做法、解答困惑的策略。

教师个人参与的研修活动是指，教师找到自己在教育教学实践中出现的问题，先进行积极主动的思考，然后在参加教学研修的过程中，逐步解决出现的问题，在发现问题—解决问题的过程中，达到提升自身教学实践技能的目的。

观看微课案例的过程就是教师自我提升的过程，在此过程中，研修教师要详细记录微课中需要学习的内容，通过分析对比，找出

自己与优秀讲师之间的距离。

总结，通过观看微课案例，进一步解读自己的问题，利用微课案例中的优秀做法，提升自己的专业水平。

一般情况下，研修教师通过分析自身的具体问题，结合学习优秀微课案例，针对具体问题进行自我反思，如优秀微课案例中的哪些案例适合自己，哪些可以在实践操作中应用，主讲教师的哪些讲课方式适合自己等，找到适合自己的教学方法，并运用到实践中，实现自我的突破。

通过活动设计中研修教师对自身的教学实践的思考，教师自我发现问题，自我反思，自我总结，并进行自我提升。在优秀微课的学习中，优秀案例观看能够使教师直观地吸取经验，发现自身的不足；微课案例中的教学方法可以使教师积累经验，拓宽视野；教师在自我参与的过程中反思总结，不断发现问题，提升自我。

2. 专家指导的研修活动设计

专家指导活动是指在教师的网络研修过程中加入了专家教师的参与，并在适当的时机给予研修教师必要的指导，从而使教师的网络研修更加高效、科学、严谨。专家指导活动开展的目的是为了配合个人反思活动和同伴互助活动。在个人参与实践活动中，专家教师在适当的时机进行指导，使个人的思路清晰，有了反思的框架，有利于个人参与活动的开展。

微课资源的教师研修专家指导活动在进行设计的过程中，运用"名师效应"对研修者有一定的作用。

一般而言，专家是指在某一领域或某项技能方面，有比较突出能力的精英。在教学技能和教学方法上专家要高于一般的教师，往

往具有高超的教学技能、先进的教学思想、精深的学术造诣等。因此，在网络研修中，一线教师通过专家的指导，在提升教学技能和改进教学方法方面会有事半功倍的效果。

事实上，名师在某种程度上代表着一种权威。名师的加入可以使一个团队具有很强的凝聚力，爆发出强大的能量。

第四节　当代教师专业发展评价

教师专业发展评价的标准是以教师专业发展是否具备科学化、规范化为准则。教师专业发展评价是为确保教师专业发展活动实现预期的目的而开展的，通过提供专业的、准确的、完整的信息，对教师的教育活动进行价值判断的过程。信息技术环境下的教师专业发展注重教师的信息技术应用能力，将教师信息技术应用能力的培养与提升作为衡量教师专业发展的核心指标。本节主要从评价标准、评价方法等维度对比分析各国际组织或国家的教师专业发展评价，以期为我国的教师专业发展评价提供借鉴经验。

一、评价标准

（一）标准及背景比较

为了迎合信息和知识时代的社会发展目标和教育目标，联合国教科文组织于 2011 年发布了促进教师提升信息技术应用能力的

《教师信息与通信技术能力框架》（ICT Competency Framework for Teachers），对教师运用信息技术进行有效教学所应具备的能力进行了详细描述。该框架旨在促进发展中国家教师能力的提升和实现教育均衡，供以非洲国家为主的发展中国家使用或者为这些国家制定相关的教师能力发展框架等提供参考借鉴。[①]

美国国际教育技术协会（International Society for Technology in Education，ISTE）2000 年推出了《面向教师的国家教育技术标准》（NETS·T）。信息技术的发展对广大教师提出的新要求，ISTE 于 2007 年启动了 NETS·T 的修订计划，于 2008 年推出了修订版的《面向教师的国家教育技术标准》（NETS·T－2008）。

在 2010 年左右，扮演世界教育改革龙头之一的英国教育部对现有的教育机构进行合并和重组，以优化资源配置。从此，教育部直接对教师进行管理，更好地确保教师质量的提升。2012 年初，颁布了"教师标准"和"杰出教师标准"，将以前的五级标准综合后简化为两级，并于 2012 年 9 月起开始实施。

进入 20 世纪 80 年代以后，澳大利亚加强了对教师专业发展的研究。从 20 世纪 90 年代开始，教师专业发展这一项目在澳大利亚实施，为此联邦政府正式出台了多项政策确保教师专业发展的顺利进行，主要是针对在职教师的能力提升，注重教师通过对学生的评价来对教学计划进行自我评价、自我反思，以改进教学。另外，澳大利亚自 20 世纪 80 年代之后，注重国家教师专业标准的统一性，

---

① 马宁，崔京菁，余胜泉. UNESCO《教师信息与通信技术能力框架》)（2011 版）解读及启示［J］. 中国电化教育，2013（7）.

于 2009 年开始致力于推动全国一致的教师专业标准。2010 年，澳大利亚教学标准与领导协会（AITSL）成立，主要负责制定澳大利亚统一的教师教育改革政策标准，涉及专业标准、专业学习等。2011 年，澳大利亚正式颁布了新的《全国教师专业标准》。

（二）维度及内容比较

联合国教科文组织发布了《教师信息与通信技术能力框架》，主要设计了指向不同教学方法的有关教师发展的三个连续阶段：技术素养、知识深化和知识创造。该框架提出教师应该从理解教育中的信息与通信技术、课程与评估、教学法、信息与通信技术、组织与管理、教师专业学习六个维度来开展工作，对教师的评价也是从这六个维度展开的。[①]

美国 NETS·T—2008 主要从"促进学生学习、激发学生创造力"、"设计、开发数字化时代的学习经验和评估工具"、"树立熟悉跨时代学习与工作的典范"、"提升数字化时代的公民意识与素养、为学生树立典范"和"参与专业发展、提升领导力"五个维度对教师提出要求。NETS·T—2008 强调教师对于学生的榜样示范作用是促进学生学习和发展的重要因素；说明教师教育技术能力新要求的根本目的是为了促进学生标准中有关学生教育技术能力目标的顺利实现；教师自身素养的提高至关重要，一方面有利于自身的学习与工作，一方面影响着学生的身心健康以及学习的积极性。强调领

---

① UNESCO ICT Competency Framework For Teachers［EB/OL］. http：//www. unesco. org/new/en/unesco/themes/icts/teacher—education/unesco—ict—competency—framework—for—teachers/，2015—03—15·

导力也是教师这类数字化公民的一项基本能力等。

英国的《教师标准》是对所有教师的最基本要求，《杰出教师标准》则是对达到基本要求并想要追求更高水平的教师提出的更高一级的要求。《教师标准》从教学目标、教学成果、学科知识、课程设计、教学的个别化和全纳性、教学评价、班级管理和其他职责八个维度进行描述。另外，《教师标准》还分别从"公众"、"学校"和"法律"三个角度，概括地描述了教师的个人和专业操守。分析《教师标准》的内容可以看出，该标准主要关注以下几点。首先，在教学结果上看重学生成绩的提高；其次，教师在学科知识方面，重视学生的兴趣和学术观念；再次，加强教师在班级管理中的权利；最后，在符合相关法律法规规定的前提下，精简内容。

澳大利亚《全国教师专业标准》将教师职业生涯发展划分为四个阶段：毕业教师、熟练教师、高熟练教师、主导教师，并包括3个层面7个标准。3个层面指专业知识、专业实践和专业发展。由此可以看出，教师专业发展评价的标准具有层级性，先评估教师具备的专业知识，再评估教师如何将专业知识应用于实践，最后评估教师在课堂之外与家长或社区的关系，即专业发展。这表明澳大利亚教师专业标准强调教师除具备专业知识之外，还需要掌握专业实践与专业发展，并且注重教师在实践反思与团体中不断发展。[①]

---

① 赖炳根. 澳大利亚国家教师专业标准研究［D］. 重庆：西南大学，2010.

二、评价方法

教师专业发展评价是教师专业发展活动的一个重要组成部分，是对教师专业发展的衡量，采取合理有效的评价方式能够促进教师专业化的不断成长。下面将从基于标准的评价、基于学生学习成果的评价和绩效评价三个方面对国际上有关教师专业发展评价的方法进行分析。

（一）基于标准的评价

每个国家或组织都是根据本国教师专业发展的需要制定一系列符合本国特色的教师专业发展评价标准，有些国家或组织是在全国范围内采用国家或组织统一标准对教师实施评价，而有些国家或组织则是将国家或组织制定的标准作为参考，而结合本地发展需要制定地区或州教师评价标准，并采取不同的方法进行评价。比如，致力于服务发展中国家教师发展的、由联合国教科文组织颁布的《教师信息与通信技术能力框架》主要目的在于为各发展中国家制定教师标准提供参考。各国通过参考《教师信息与通信技术能力框架》，结合本国实际情况制定符合本国的教师能力发展标准，并且依据各国自己的方式对标准进行评价。同样，美国大多数州将国家制定的标准作为参考，结合州发展现状重新制定教师评价的标准。每个州开展教师专业发展评价依据州特色标准，采取不同的方法进行，有影响的如教师发展计划（TAP）和增值评价模式（TVAAS）。

（二）基于学生学习成果的评价

教师专业发展评价不仅仅是对教师自身进行测试和评估，同时通过联系学生取得的学习成果进行教师能力评估。换言之，将学生取得的成就作为评价教师的要素之一。比如，美国对教师专业发展的评价主要体现在两个基本的发展方向：对教师自身进行测试和评估；联系学生取得的学习成果进行教师能力评估。澳大利亚的教师专业发展评价通过将教师自身的发展以及学生取得的学习成果相结合的方式进行评价。

（三）绩效评价

绩效评价是教师专业发展评价的一种有效方式，将评估等级与教师自身的发展挂钩，在一定程度上对教师专业发展起到促进作用。

美国的教师发展计划是在丹尼尔森评价框架的基础上的发展和延伸，主要内容是以强化教学评价、加强教学辅导、提供教师多元职业发展和以绩效补偿薪酬机制为特色，而建立起来的一套综合评价体系。

增值评价模式，是指采用统计学的方法，通过统计公式，计算在一个学年期间内，学生在标准测试中成绩的提高在多大程度上归功于教师的教学，来决定教师对学生成绩"增值"的影响力。[①]

新加坡的绩效评价由三个因素决定，一是教师的聘任、晋升、

---

① Tennessee Department of Education. Framework for Evaluation and Professional Development ER]. Nash2ville，TN：Office of Professional Development，2000.

薪金的等级；一是教师根据自己的表现填写；一是部门主管根据教师平时的表现，综合三个因素，决定教师的绩效水平。并且教师在评定中如果等级太低会存在被解雇的风险。教师专业发展评价直接关系到教师的切身利益，在一定程度上对教师专业发展具有推动作用。

教师专业发展评价在关注教师取得的教学成果的同时，还应关注教师的个人目标定位，使教师能够选择适合自己的发展轨迹发展自我。比如，新加坡的教师专业发展评价主要采用"目标管理＋绩效评价"的方式，目标管理是指教师通过填写个人发展相关的评价表格，确定个人的教师专业发展轨道，从而向着自己感兴趣且有潜力的方向发展。新加坡将教师的发展轨道定位在教学、教育领导和高级专家三个方向。

此外，美国的教师专业发展评价方式具有多元性、综合性、不确定性等特征，主要的评价方式包括课堂观察、同事评估、教师档案袋、客观性测试以及统计增值法等。

澳大利亚在教师专业发展评价方面，采用书面评价、档案袋评价、课堂观察等结合学生学习成果的多元评价模式，旨在多角度、全方位地评价教师专业发展的水平。新加坡的教师专业发展评价由教育部统一组织，每位教师的教师专业发展评估结果都需要签名才能生效，教师专业发展评价的结果要上交教育部。

三、小　结

（一）评价标准

美国、英国、澳大利亚等国家教育组织以及教师专业团队在实

践改革方面达成共识，都要求建立完整的"标准"并希望用标准来衡量教师专业发展水平，达到高效教学的目标。

建立教师专业标准的目的在于通过标准规约和引领教师专业的持续发展，进而提高教师的专业形象。[①] 综上可以看出，美国、英国、澳大利亚等国家的教师专业发展标准具有以下特点。

第一，标准的阶段划分兼顾到教师差异。美国教师专业发展首先是国家颁发相关标准，各州依据国家标准并结合实际情况制定相关的州标准；美国教师专业发展贯穿教师的职前、职中和职后。

第二，标准重视教师专业发展层次的提升。根据标准，澳大利亚提出了标准本位的教师职业生涯结构，由此，可以体现出教师专业发展政策的制定逐渐从专业指南运动转向专业评价运动。对教师专业发展的评价不仅仅局限于专业知识，还注重教师的专业实践和专业发展。

第三，标准体现以学生为本的宗旨。美国 NETS·T — 2008 很好地体现了"教师发展是促进学生发展的重要前提和取之不竭的力量之源"的重要理念，即体现出以学生为本的思想。

（二）评价方法

美国各州可以通过立法，各级教育部门提供相关的政策支持，积极探索适宜地区发展的教师专业发展评价。通过教师自身评价结合对学生的学习进行评价的结果来评价教师的专业成长情况。

澳大利亚的绩效管理评价体系采用的是三者相结合，即以学校

---

① 朱欣欣，张丽珍.国内外教师专业发展标准研究评析［J］.国家教育行政学院学报，2008（12）.

为基础，教师个人发展和学习管理需要也不可忽视，绩效管理评价体系的建立可以为教师带来工作和生活的便利，最终的目的是提高教师的教学质量。另一方面，澳大利亚的教师评价标准关注学生的学习效能。

新加坡采取绩效评价，将绩效评价等级与教师的聘任、晋升、薪金等挂钩，推动教师专业发展。同时，新加坡教师的晋升评价没有名额限制，达到规定的标准即可晋升，减少了教师之间的竞争，使教师专业发展成为教师自我驱动、自我实现的过程，很大程度上更加有利于激发教师的积极性。

综上可见，我国教师专业发展评价过程中，首先需要制定科学合理的评价标准，在评价标准的指引下，各个学校可以有针对性地完善教师培训方案和考核评价制度，健全教师绩效管理机制、增强教师专业发展自觉性，鼓励他们主动参加培训和积极自主研修，逐步提升专业发展水平。通过实施教师评价标准体系，帮助教师针对评价过程中暴露的问题进行分析研究，提出建设性的意见。教师应该根据自己的兴趣以及潜力来选择适合自己的发展方向，利用兴趣驱动更好地促进教师的专业发展。同时，要引导教师树立自我评价的观念，通过自我评价进行自我诊断、发现问题、改进教学。学校要关注教师评价的过程和结果，并提供相关的专业支持，使评价成为促进教师专业发展的有力手段。此外，在教师专业发展评价过程中，可以利用学生的学习成果对教师的专业发展进行评价。

参考文献

[1] 乔伊斯. 教学模式 [M]. 北京：中国人民大学出版社，2014.

[2] 瞿葆奎，郑金洲. 中国教育研究新进展 [M]. 上海：华东师范大学出版社，2006.

[3] 冯建军. 教育基本理论研究 20 年 [M]. 福州：福建教育出版社，2012.

[4] 王星霞. 反思与前瞻 [M]. 北京：科学出版社，2010.

[5] 曾祥翊. 研究性学习的教学设计 [M]. 北京：科学出版社，2011.

[6] 王珠珠. 优秀教学应用成果集锦 [M]. 北京：中央广播电视大学出版社，2007.

[7] 黄荣怀，周跃良，王迎. 混合式学习的理论与实践 [M]. 北京：高等教育出版社，2006.

[8] 刘成新. 整合与重构 [M]. 北京：电子工业出版社，2006.

[9] 柳海民. 现代教育原理 [M]. 北京：人民教育出版社，2006.

[10] 彭健伯. 创新哲学论 [M]. 北京：人民出版社，2006.

[11] 秦忠翼. 创造性课堂教学模式探索 [M]. 香港：中国文化出版社，2004.

[12] 鬲淑芳. 信息化教学研究 [M]. 北京：科学出版社，2005.

[13] 魏传宪．创新思维方法培养［M］．成都：西南交通大学出版社，2006.

[14] 王跃新．创造性思维训练与培养［M］．长春：吉林人民出版社，2005.

[15] 成远镜．文学原理［M］．长沙：湖南教育出版社，2006.

[16] 李晓文，王莹．教学策略［M］．北京：高等教育出版社，2006.

[17] 江泽民．论科学技术［M］．北京：中央文献出版社，2001.

[18] 傅世侠，罗玲玲．科学创造方法论［M］．北京：中国经济出版社，2000.

[19] 赵承福，陈泽河．创造教育研究新进展［M］．济南：山东人民出版社，2002.

[20] 燕良轼．创新素质教育论［M］．广州：广东教育出版社，2002.

[21] 游敏惠，刘秀伦．大学生创造力培养与开发［M］．北京：人民邮电出版社，2004.

[22] 殷石龙．创新学引论［M］．长沙：湖南人民出版社，2000.

[23] 刘奎林．灵感［M］．哈尔滨：黑龙江人民出版社，2003.

[24] 杨揆一．创造性思维的启示［M］．北京：科学出版社，2002.

[25] 温寒江，连瑞庆．构建中小学创新教育体系［M］．北京：北京科学技术出版社，2002.

[26] 刘宏武．新课程的教学艺术指导［M］．北京：中央民族大学出版社，2004.

[27] 张春兴．现代心理学［M］．上海：上海人民出版社，2002.

[28] 董广生．大学生心理健康教育与应用［M］．北京：中国纺织出版社，2004.

[29] 和凯华．中国传统美德［M］．武汉：长江文艺出版社，2002.

[30] 朱立元．美学［M］．北京：高等教育出版社，2006.

［31］祝智庭、钟志贤．现代教育技术——促进多元智能发展［M］．上海：华东师范大学出版社，2003.

［32］南国农．信息化教育概论［M］．北京：高等教育出版社，2004.

［33］志贤．深呼吸：素质教育进行时［M］．北京：教育科学出版社，2003.

［34］秦忠翼．酒神精神——艺术和人生的理想境界［J］．中国文学研究，2009（3）.

［35］付慧欣，申俊丽．当代教育心理学在高校教育中的发展前景［J］．知识经济，2015（24）.

［36］高智勇，蒋继春，王校珍．心理学生态化思潮［J］．吉林广播电视大学学报，2017（04）.

［37］张建涛，李美华．大数据背景下的心理学研究［J］．青海师范大学学报（哲学社会科学版），2017（05）.